いよいよ韓国語 ②

金菊熙・李順蓮

朝日出版社

音声サイトURL

http://text.asahipress.com/free/korean/
iyokan2/index.html

はじめに

안녕하세요? 「이요이요 한국어2」에서 다시 만나서 반가워요!

「いよいよ韓国語2」は、教育機関等で、約90時間程度の入門から基礎レベルの韓国語の学習経験を持つ学習者向けに作られた初級～中級レベルの教材です。教育機関の授業時数によって若干の違いはありますが、例えば90分の授業を週2回行う場合、12～13週程度（24～26回）でそれぞれ教材の前半（第1課から第5課）と後半（第6課から第10課）の教授・学習が終えられるように構成されています。なお、「いよいよ韓国語」を通して入門から基礎を学んだ学習者であれば、引き続き本教材の学習を通して、合計約1500個の初級レベルの語彙と100個程度の定形表現を学習することになります。さらに、韓国語能力試験Ⅰ（2級）で求められる文型・読解・聞き取りの能力を総合的に学習できるようになっています。

本教材は、全10課の単元で構成されています。各課は、韓国語能力試験Ⅰのトピックに相応しいテーマで「語彙と表現」「文型A／文型B」「会話A／会話B」「タスク1（語彙と表現／文型の練習）」「タスク2（読み書き練習）」「タスク3（聞き取り練習）」の6つの学習内容で構成されています。それぞれのセクションについて概略すると、まず各課のはじめに、テーマ別に分類された新出語彙と定形表現を学び、単元別には60～80個程度の新しい語彙を学習します。そして、それらの新しい語彙と表現を確実に学習し理解できるように2つのセッションを分けて合計2ページ分の練習問題を設けています。

続いて、各課では4つの新しい文型表現を学ぶことになりますが、「文型A」と「文型B」に分けて2つずつ新しい文型を学ぶようにしています。そして、「文型A」と「文型B」はそれぞれ「会話A」と「会話B」の目標文型になっていて、語句の入れ替え練習を通して、語彙と表現の学習のみならず、目標文型が会話の発話練習を通して十分学習されることを狙いとしています。従って、各課の「文型」と「会話」を教授・学習する際は、「文型A」に続いて「会話A」を、その後「文型B」と「会話B」をつなげて練習することをお勧めします。

「語彙と表現」「文型」「会話」の方で新たに学習した内容は続く3つのタスクを通してさらに深化学習できるようにセッションを分けて練習を行います。「タスク1」では、語彙と表現の練習に続き、4つの目標文型を練習します。「タスク2」では、各課のテーマ別の会話や各種の文章の読解を行います。さらに、読解の内容をもとにした作文の練習も行います。最後の「タスク3」では、各課のテーマにそって長さの異なる会話や語り文を聞いて問いに答える練習を行います。聞き取りの問題は、各課の「タスク2」までの練習で学習者が既に学んでいる語彙と表現、文型と関連付けられるため、聞き取りの練習が更なる学習の負担にならないうえ、確実に韓国語能力試験Ⅰの対策になるような内容構成を目指しています。

第10課までの本編に続く「付録」では、学習者の自律的な学習をバックアップするために、各練習問題の解答をページ順でまとめています。そして各単元の「会話A」と「会話B」のサンプル会話の日本語対訳及び「タスク3」の聞き取り練習用の台本も収録しています。さらに、全10課の各単元の終わりには、その単元で初めて学んだ語彙の一覧をまとめていますが、付録編では、本教材で初めて学習する語彙のほか、入門から基礎の学習段階で習得する初級の語彙も含めて「語彙リスト」を提示しています。

最後に、本教材が出版に至るまで多方面でご尽力いただいたすべての関係者の皆様に、この場を借りて改めてお礼を申し上げる次第です。

著者一同

 **차례** 目次

はじめに

目次　　　　　　　p.i

本教材の内容構成　p.ii

いよいよ韓国語2

이요이요 한국어2 (1-10과)

단원별 주제(제목) 各課のテーマ(タイトル)	어휘와 표현 語彙と表現	문형A & B 文型A & B
第1課 **한국에 유학을 가려고 해요.** 韓国へ留学しようと思っています。	・仕事と職場 ・夢や希望を表す表現など	・ −으려고/려고 (~しようと) ・ −거나 (~たり) ・ −는데, −은데/ㄴ데 (~が, ~ので) ・ −기 위해서 (~するために, ~のために)
第2課 **봉사 활동을 해 보고 싶어요.** ボランティア活動をしてみたいです。	・サークル, クラブ活動 ・感情表現(形容詞)	・ −네요 (~ですね, ~ますね) ・ −을 때/ㄹ 때 (~とき) ・ −아/어 보다 (~てみる) ・ −을게요/ㄹ게요 (~します)
第3課 **어머니 생신 선물을 사러 가요.** 母の誕生日プレゼントを買いに行きます。	・敬語① ・色 ・敬語表現	・ −으러/러 (~しに) ・ −을래요/ㄹ래요(?) (~しますか(か)) ・ −으시/시− (尊敬表現) ・ −아/어 주다 (~てくれる[もらう]/~てやる[あげる])
第4課 **감기에 걸려서 못 가요.** 風邪を引いたので行けません。	・怪我と病気 ・体の具合や症状を尋ねる表現	・ −아서/어서① (~で, ~ので) ・ 못 (~できない) ・ −지 마세요 (~しないでください) ・ −아야/어야 돼요(?) (~しなければならないです(か))
第5課 **배로 보내면 한 달 정도 걸려요.** 船で送ると1ヶ月ほどかかります。	・公共施設名 ・日数 ・公共施設で用いられる定形表現	・ −아서/어서② (~て, ~で) ・ −는데요, −은데요/ㄴ데요 　(~ですが, ~ですけど/~ですね, ~ますね) ・ −으면/면 (~と, ~たら, ~れば) ・ −는 +名詞 (~する○○)
第6課 **한국 드라마를 보고 있었어요.** 韓国ドラマを見ていました。	・形容詞 ・副詞	・ −게 (~く, ~に) ・ −고 있다 (~(し)ている) ・ −보다 (~より) ・ −으니까/니까 (~ので, ~から/~と, ~たら)
第7課 **전에 주문하신 적이 있으세요?** 前に注文されたことはありますか。	・料理方法 ・飲食店 ・食べ物を注文する ・数量表現	・ −지요? (~ですよね, ~でしょう) ・ −은/ㄴ 적이 있다 (~したことがある) ・ −으로/로 (~で, ~へ, ~に, ~として) ・ −을까/ㄹ까 하다 (~しようと思う)
第8課 **내일 한국 영화도 개봉할 예정이야.** 明日韓国の映画も公開する予定だよ。	・感情と状態 ・映画のジャンル ・반말(ため口)	・ −은/는, ㄴ 것 같다 (~ようだ, ~みたいだ, ~そうだ) ・ −겠− (~します/~でしょう/~そうだ) ・ −을/를 +名詞 (~する○○) ・ −게 되다 (~になる, ~くなる, ~ことになる, ~ようになる)
第9課 **친구들이랑 여행을 가기로 했어요.** 友達と旅行に行くことにしました。	・旅行の目的 ・旅行のタイプ ・宿泊施設の種類 ・宿泊する部屋のタイプ	・ −기로 하다 (~することにする) ・ −으려면/려면 (~しようとするなら/~しようと思うなら) ・ −으면서/면서 (~ながら) ・ −은지/ㄴ지, 는지 (~であるか)
第10課 **궁금한 건 뭐든지 물어보십시오.** 気になることは何でも聞いてください。	・家族と親族 ・イベントと記念日 ・敬語②	・ −는군요, −군요 (~ですね) ・ −아도/어도 돼요 (~てもいいです(か)) ・ −으십시오/십시오 (~てください) ・ −고 나서 (~してから)

말하기A & B 会話 A＆B	과제1》어휘와 표현/문형 연습 タスク1》語彙と表現 / 文型練習	과제2》읽고 쓰기 タスク2》読み書き練習	과제3》듣기 タスク3》聞き取り練習
・新学期の抱負や目的を話す ・今年の目標と過去の経験について話す	❶❷ 語彙と表現の練習 　　（職業, 職場など） ❸ 文型練習	❶ 連休の予定に関する会話文を読む ❷ 連休の予定に関する会話文を書く ❸ 将来の夢に関する文章を読む ❹ 自分の将来の希望について書く	第1課のテーマに関する ❶ 短い会話を聞く ❷ 長めの会話を聞く ❸ 長めの語り文を聞く
・学園祭の予定や 心情等について話す ・部活について話す	❶ 語彙と表現の練習 　（サークル活動） ❷ 語彙と表現の練習 　（感情表現を用いて会話を完成する） ❸ 文型練習	❶ 予定と約束に関する会話文を読む ❷ 予定と約束に関する会話文を書く ❸ 過去の経験に関する文章を読む ❹ 自分の部活について書く	第2課のテーマに関する ❶❷❸ 短い会話を聞く ❹❺ 長めの会話を聞く
・予定について尋ねる 相手を誘う ・敬語表現を使って買い物をする	❶ 語彙と表現の練習（敬語表現） ❷ 語彙と表現の練習（色） ❸ 文型練習	❶ 敬語表現の入った会話文を読む ❷ 敬語表現の入った会話文を書く ❸ 両親に宛てる手紙文を読む ❹ 知人に安否を尋ねる手紙を書く	第3課のテーマに関する ❶❷❸ 短い会話を聞く ❹❺ 長めの会話を聞く
・体の具合を語る際 理由や原因を述べる ・病院で症状と対処方法について語る	❶❷❸ 語彙と表現の練習 　　　（病気や体の具合, 病状など） ❹ 文型練習	❶ 体の具合を尋ねる会話文を読む ❷ 体の具合を尋ねる会話文を書く ❸ 風邪の経験を語るブログを読む ❹ 風邪を治すコツについて書く	第4課のテーマに関する ❶ 短い会話を聞く ❷❸❹ 長めの会話を聞く
・銀行で通帳を作る （順序立てて語る） ・郵便局で荷物を送る （条件を語る）	❶❷❸ 語彙と表現の練習 　　　（公共施設） ❹ 文型練習	❶ 空港カウンターでの会話文を読む ❷ 過去の出来事を綴った文章を読む ❸ 現況について綴った文章を読む ❹ 公共施設で用いる定形表現を書く	第5課のテーマに関する ❶ 短い会話を聞く ❷ 長めの会話を聞く ❸ 長めの語り文を聞く
・電話で相手に理由や状態について話す ・弁明を述べる, アドバイスをする	❶ 語彙と表現の練習 　（形容詞＋名詞） ❷ 語彙と表現の練習（副詞） ❸ 文型練習	❶ 約束を忘れたことについて弁解する 会話文を読む/書く ❷ 過去の出来事を綴った文章を読む/ 会話文を書く	第6課のテーマに関する ❶❷❸ 短い会話を聞く ❹❺ 長めの会話を聞く
・お店に電話で注文する ・注文した品物を交換する	❶ 語彙と表現の練習（料理方法） ❷ 語彙と表現の練習（飲食店など） ❸ 語彙と表現の練習（数量表現） ❹ 文型練習	❶ 飲食店で注文をする会話文を読む ❷ 近所での買い物について綴った文章を 読む/書く	第7課のテーマに関する ❶❷ 短い会話を聞く ❸❹❺ 長めの会話を聞く
・感想や推測を話す ・予定や結果について話す	❶❷ 語彙と表現の練習 　　（映画のジャンルなど） ❸ 語彙と表現の練習（ため口表現） ❹ 文型練習	❶ 映画館での会話文を読む ❷ 映画ポスターの説明文を読む ❸ 映画の感想文を読む ❹ 丁寧文をため口表現に書き換える	第8課のテーマに関する ❶❷❸ 短い会話を聞く ❹❺ 長めの会話を聞く
・旅行の計画について話す ・電話で旅行の宿泊先についての 希望条件を話す	❶❷ 語彙と表現の練習 　　（丁寧表現とため口表現） ❸ 文型練習	❶ チケットを予約する会話文を読む ❷ 旅行商品に関する説明文を読む ❸ 旅行感想文を読む ❹ 旅行感想文を書く	第9課のテーマに関する ❶❷❸ 短い会話を聞く ❹❺ 長めの会話を聞く
・イベントや記念日について話す 相手の許諾を求める ・パーティーやイベントを企画する	❶ 語彙と表現の練習（家族, 親族） ❷ 語彙と表現の練習（敬語） ❸ 文型練習	❶ 結婚式場での会話文を読む ❷ 招待状を読む ❸ 電子メールを読む ❹ 電子メールを書く	第10課のテーマに関する ❶❷❸ 短い会話を聞く ❹❺ 長めの会話を聞く

한국에 유학을 가려고 해요.

◎ 2 어휘와 표현 ◆◆◆

〈 일과 직장 〉

아나운서

연예인

간호사

운전사

화가

택배 기사

관광 가이드

교사 / 교수

방송국

미술관

초등학교

여행사

악기를 연주하다

환자를 돌보다

관광지를 안내하다

예술 작품을 만들다

夢や希望を表す表現など

◎ 3

• 꿈이 뭐예요? 夢は何ですか。
• 어떻게 하면 돼요? どうしたら良いですか。
• 좋은 방법이 있어요? 良い方法はありますか。
• 올해 목표가 뭐예요? 今年の目標は何ですか。

• 졸업 후에 뭐 하고 싶어요? 卒業後は何がしたいですか。
• 어떤 직업을 갖고 싶어요? どんな職業に就きたいですか。
• 저는 만화가가 되고 싶어요. 私は漫画家になりたいです。

〈 会話例 〉

남준 : 미희 씨는 장래 희망이 뭐예요?
　　　ミヒさんの将来の希望は何ですか。

미희 : 우리 할머니처럼 고등학교 선생님이 되고 싶어요. 남준 씨는요?
　　　私のおばあさんのように高校の先生になりたいです。ナムジュンさんはどうですか。

연습 1 알맞은 것을 연결하세요. 正しいものを選んで結びなさい。

(1) 아나운서 ●　　　　● 병원 ●　　　　● 중학생을 가르치다

(2) 교사 ●　　　　● 중학교 ●　　　　● 뉴스를 전하다

(3) 간호사 ●　　　　● 관광지 ●　　　　● 환자를 돌보다

(4) 관광 가이드 ●　　　　● 방송국 ●　　　　● 관광지를 소개하다

・중학교 中学校　・전하다 伝える　・소개하다 紹介する

연습 2 <보기>와 같이 대화를 완성하세요. 例のように会話を完成させなさい。

보기
A : 어떤 일을 하고 싶어요?
B : 저는 음악가가 되고 싶어요.
・음악가 音楽家

(1) 졸업 후에 뭐 하고 싶어요?　(2) 어떤 직업을 갖고 싶어요?　(3) 장래 희망이 뭐예요?

_____가 되고 싶어요.　_____ 되고 싶어요.　_____예요.

(4) 어디에서 일하고 싶어요?　(5) 무슨 일을 하고 싶어요?　(6) 꿈이 뭐예요?
　　　　　　　　　　　　　　　　　　　　　　　　　　　(자신의 꿈을 쓰세요.)

_____에서 일하고 싶어요.　_____　_____

・자신 自身, 自分

3

1 -으려고/려고 (〜しようと)

先行節に「-(으)려고」を付けると続く後続節の行為をする意図や目的を表す。また「-(으)려고 하다」の形を取ると「〜しようと思う」の意味になる。動詞の基本形の「-다」を取り除いた後の最後の音節がパッチムで終わる場合は「-으려고」を, 母音またはパッチム「ㄹ」の場合は「-려고」を付ける。

> 보기1 조용한 카페에서 혼자 책을 읽으려고 해요. (静かなカフェで一人で本を読むつもりです。)
> 보기2 이번 학기에는 테니스 대회에 나가려고 해요. (今学期にはテニス大会に出ようと思います。)
> 보기3 친구들과 같이 홈페이지를 만들려고 해요. (友達と一緒にHPを作ろうと思います。)

연습1 次の表を完成させなさい。(＊変則)

基本形	-으려고/려고	基本形	-으려고/려고	基本形	-으려고/려고
하다		읽다		입다	
보다		먹다		듣다 ＊	
배우다		마시다		열다 ＊	

연습2 「-으려고/려고」を用いて次の文を完成させなさい。

> 例) 숙제를 하다 / 도서관에 가다 → 숙제를 하려고 도서관에 가요.

1) 돈을 찾다 / 은행에 갔다 → _____

2) 장갑을 사다 / 가게에 가다 → _____

3) 드레스를 입다 / 다이어트를 하다 → _____

　・장갑 手袋　　・드레스 ドレス

2 -거나 (〜たり)

2つ以上の動作 (または状態) をつなげて, その中の1つを選ぶことを意味する。動詞・形容詞の基本形の「-다」を取り除いた後に「-거나」を付けて使う。

> 보기1 책을 찾아보거나 인터넷을 검색해요. (本を調べるかインターネットで検索します。)
> 보기2 친구를 만나거나 노래방에 갈 거예요. (友達に会うかカラオケ店に行くつもりです。)
> 보기3 선배와 연습을 하거나 시합을 많이 봤어요. (先輩と練習をしたり試合をたくさん見たりしました。)

연습1 「-거나」を用いて次の文を完成させなさい。

> 例) 노래를 부르다 / 춤을 추다 → 노래를 부르거나 춤을 춰요.

1) 음악을 듣다 / 신문을 읽다 → _____

2) 여행을 떠나다 / 등산을 가다 → _____

3) 뉴스를 검색하다 / 신문을 찾아보다 → _____

　・여행을 떠나다 旅に出る

3 -는데, -은데/ㄴ데 (～が, ～ので)

後続節で話す内容の背景や状況の根拠を表す時, 提案・命令・質問に先立ってその背景や状況を示す時に用いる。また, 後続節と対照的な事実を述べる時にも用いる。動詞の場合, 基本形の「-다」を取り除いた後に「-는데」を付ける。形容詞では, 基本形の「-다」を取り除いた後の最後の音節がパッチムで終わる場合は「-은데」を, 母音またはパッチム「ㄹ」の場合は「-ㄴ데」を付ける。

> [보기1] 어제 청바지를 샀는데 조금 작아요.　(昨日ジーンズを買ったのですが, 少し小さいです。)
> [보기2] 더 잘하고 싶은데 아직 잘 못해요.　(もっと上手になりたいですが, まだ下手です。)
> [보기3] 한국어 공부는 어려운데 재미있어요.　(韓国語の勉強は難しいですが, 面白いです。)

연습 1 次の表を完成させなさい。 （＊変則）

基本形	-는데, 은데/ㄴ데	基本形	-는데, 은데/ㄴ데	基本形	-는데, 은데/ㄴ데
하다		듣다		많다	
읽다		있다		덥다 ＊	
마시다		싸다		길다 ＊	

연습 2 「-는데, -은데/ㄴ데」を用いて次の文を完成させなさい。

> 例)　밥을 먹었다 / 또 배가 고프다　→　밥을 먹었는데 또 배가 고파요.

1) 값은 비싸다 / 편리하다　　　　→ _____

2) 조금 맵다 / 정말 맛있다　　　→ _____

3) 어제 일찍 잤다 / 아직 피곤하다 → _____

　・편리하다 便利だ　　・피곤하다 疲れる

4 -기 위해서 (～するために, ～のために)

何かの対象のために, または後続節の行為の目的を表す際に用いる。動詞の基本形の「-다」を取り除いた後「-기 위해서」を付ける。名詞の後に来る時は「-을/를 위해서」になる。「위해서」の「서」は省略できる。

> [보기1] 자격증을 따기 위해서 열심히 공부했어요.　(資格証を取るために一生懸命勉強しました。)
> [보기2] 신문을 배달하기 위해서 자전거를 샀어요.　(新聞を配達するために自転車を買いました。)
> [보기3] 단기 어학연수를 위해서 아르바이트를 해요.　(短期語学研修のためにバイトをしています。)

연습 1 「-기 위해서」を用いて次の文を完成させなさい。

> 例)　영화를 보다 / 표를 예매했다　→　영화를 보기 위해서 표를 예매했어요.

1) 밥을 먹다 / 손을 씻다　　　　　　→ _____

2) 파티를 하다 / 케이크를 샀다　　　→ _____

3) 배낭여행을 가다 / 여행사를 찾아봤다 → _____

　・예매하다 予約する, 予約買いする　　・배낭여행 バックパック旅行

◎ 4

나나　료타 씨, 오랜만이에요!

　　　이번 학기에는 무슨 수업을 들어요?

료타　한국어 수업을 들어요.

나나　그래요? 그런데 료타 씨는 왜 한국어를 배워요?

료타　내년에 한국에 유학을 가려고 배워요. 나나 씨는요?

나나　저는 자막 없이 한국 드라마를 보려고 배워요.

료타　저도 나나 씨처럼 한국어를 잘하고 싶어요.

　　　어떻게 하면 돼요? 좋은 방법이 있어요?

나나　저는 한국 노래를 듣거나 한국 드라마를 많이 봐요.

• 오랜만 久しぶり　• 자막 없이 字幕なしで　• (-을/를) 잘하다 (～が)上手だ, 得意だ

(가)
한국어
내년에 한국에 유학을 가다
자막 없이 한국 드라마를 보다
한국 노래를 듣다 / 한국 드라마를 많이 보다

(나)
테니스
여름에 테니스 대회에 나가다
동아리 활동을 하다
선배하고 연습하다 / 시합을 많이 보다

(다)
컴퓨터
홈페이지를 만들다
컴퓨터로 그림을 그리다
책을 찾아보다 / 인터넷을 검색하다

(라)

◎ 5

민기 미호 씨는 올해 목표가 뭐예요?

미호 작년부터 영어 학원에 다니는데 아직 잘 못해요.

　　　올해는 더 잘하고 싶어요. 민기 씨는요?

민기 이번 여름에 배낭여행을 가려고 해요.

　　　비행기 표를 사기 위해서 요즘 아르바이트를 해요.

미호 저도 지난 겨울에 배낭여행을 갔는데 정말 좋았어요.

민기 아, 그래요? 어느 나라에 갔어요?

미호 한국에 갔어요.

민기 뭐가 가장 좋았어요?

미호 음식이 아주 맛있었어요.

(가)	(나)
영어 학원에 다니다	한국어를 배우다
배낭여행	단기 유학
비행기 표를 사다	유학을 가다
음식이 아주 맛있었다	교통이 정말 편리했다
(다)	(라)
태권도를 시작했다	
어학연수	
연수를 떠나다	
연예인을 많이 봤다	

❶ 그림에 맞게 <보기>와 같이 문장을 완성하세요. 次の例のように文を完成させなさい。

보기 **아나운서는 방송국에서 일해요.** **택배 기사는 물건을 배달해요.**

(1)

저는 _____에서 일하고 싶어요.

(2)

_____는 운전을 해요.

(3)

교사는 _____에서 일해요.

(4)

_____는 _____를 돌봐요.

(5)

_____는 _____에서 일해요.

(6)

_____

❷ 다음 중 알맞은 것을 골라 문장을 완성하세요. 最も適切な言葉を選んで文を完成させなさい。

| 후에 | 어떤 | 어떻게 | 처럼 | 되고 | 는요 |

(1) _____ 하면 돼요?

(2) 졸업 _____ 무슨 일을 하고 싶어요?

(3) _____ 직업을 갖고 싶어요?

(4) 저는 음악가가 되고 싶어요. 시호 씨_____?

(5) BTS_____ 유명한 연예인이 _____ 싶어요.

❸ <보기>와 같이 문장을 완성하세요. 例のように文を完成させなさい。

[보기1] 경험을 쌓다 / 유학을 가다 → 경험을 쌓**으려고** 유학을 가요.
(経験を積む / 留学に行く)

(1) 학교에 가다 / 버스를 타다 → _____

(2) 택배를 보내다 / 편의점에 가다 → _____

(3) 과자를 만들다 / 우유를 사다 → _____

(4) 악기를 배우다 / 문화 교실에 다니다 → _____

[보기2] 노래를 듣다 / 한국 드라마를 보다 → 노래를 듣**거나** 한국 드라마를 봐요.
(歌を聴く / 韓国ドラマを見る)

(5) 자전거를 타다 / 걸어서 오다 → _____

(6) 책을 읽다 / 커피를 마시다 → _____

(7) 노래를 부르다 / 피아노를 치다 → _____

[보기3] 한국어를 배우다 / 아직 잘 못하다 → 한국어를 배우**는데** 아직 잘 못해요.
(韓国語を学ぶ / まだよくできない)

(8) 방송을 보다 / 친구가 나왔다 → _____

(9) 장갑이 예쁘다 / 너무 비싸다 → _____

(10) 집에 가고 싶다 / 아직 일이 많다 → _____

(11) 작품을 만들다 / 시간이 많이 걸리다 → _____

[보기4] 여행을 가다 / 아르바이트를 하다 → 여행을 가기 **위해서** 아르바이트를 해요.
(旅行に行く / アルバイトをする)

(12) 만화가가 되다 / 학원에 다니다 → _____

(13) 예술 작품을 보다 / 미술관에 갔다 → _____

(14) 관광 가이드가 되다 / 자격증을 땄다 → _____

(15) 한국어 말하기 대회에 나가다 / 연습을 하다 → _____

❶ **다음 대화를 읽고 물음에 답하세요.** 次の会話を読んで問いに答えなさい。

> 유키　민호 씨는 이번 연휴에 뭐 할 거예요?
>
> 민호　글쎄요. 아직 잘 모르겠어요. 산책을 하거나 독서를 하고 싶어요.
>
> 　　　유키 씨는 무슨 계획이 있어요?
>
> 유키　저는 민속촌에 가려고 해요.
>
> 민호　그래요? 유키 씨 혼자 가요?
>
> 유키　아니요, 친구들하고 같이 갈 거예요.
>
> 　　　민호 씨도 같이 가요.
>
> 민호　고마워요. 하지만 저는 이번 연휴에는 그냥 쉬고 싶어요.
>
> • 글쎄요 そうですね　　• 모르겠어요 分かりません　　• 민속촌 民俗村　　• 혼자 独り, 一人で　　• 그냥 ただ

⑴ 유키 씨는 이번 연휴에 어디에 갑니까?

　① 산책　　　　　② 독서　　　　　③ 민속촌　　　　　④ 한국어 수업

⑵ 위 대화의 내용과 일치하는 것을 고르세요. 上記の会話と一致するものを選びなさい。

　① 유키 씨는 이번 연휴에 혼자 있습니다.　② 유키 씨는 연휴에 쉬고 싶습니다.

　③ 민호 씨는 아직 연휴 계획이 없습니다.　④ 민호 씨는 민속촌에 가려고 합니다.

❷ **위의 ❶번 문제와 같이 대화를 완성하세요.** 上記の❶にならって次の会話を完成させなさい。

지수　음악을 듣다, 잠을 자다　　　　　앤디　미술관에 가다 / 고등학교 선배

앤디　지수 씨는 이번 골든 위크에 뭐 할 거예요?

지수　글쎄요. 아직 잘 모르겠어요.

　　　_____ 잠을 _____.

　　　앤디 씨는 무슨 계획이 있어요?

앤디　저는 _____ 해요.

지수　그래요? 앤디 씨 혼자 가요?

앤디　아니요, _____하고 같이 갈 거예요.

　　　지수 씨도 같이 가요.

지수　고마워요. 하지만 저는 이번 골든 위크에는 그냥 _____.

　• 골든 위크 ゴールデンウィーク

❸ 다음 문장을 읽고 물음에 답하세요. 次の文章を読んで問いに答えなさい。

> 안녕하세요? 저는 나나예요.
>
> 저는 중학교 때부터 외국 영화를 보거나 외국 노래 듣기를 좋아했어요.
>
> 미국 드라마를 자막 없이 보려고 영어 공부를 열심히 했어요.
>
> 작년에는 영어를 더 잘하기 위해서 우리대학교 영어영문학과에 입학했어요.
>
> 여러 나라의 언어와 문화를 배우는데 정말 재미있어요.
>
> 대학교에는 외국 유학생이 많이 있어요.
>
> 그 친구들과 영어로 말하고 싶은데 아직 잘 못해요.
>
> 그래서 지난 여름부터 영어 학원에도 다녀요.
>
> 내년에는 더 많은 경험을 쌓기 위해 배낭여행을 갈 거예요.
>
> 그리고 대학 졸업 후에는 영어 선생님이 되고 싶어요.
>
> 교사 자격증을 따기 위해서 더 열심히 공부할 거예요.
>
> ・때 時　　・영어영문학과 英語英文学科　　・입학하다 入学する

(1) 이 사람의 장래 희망은 무엇입니까?

_____

(2) 위 글의 내용과 일치하면 ○, 다르면 X 하세요. 上の内容と一致すれば○, 違っていれば X を付けなさい。

① 우리대학교에는 유학생이 많습니다.　　　　　　　　　　　(　　　　)

② 나나 씨는 여름에 배낭여행을 갔습니다.　　　　　　　　　(　　　　)

③ 나나 씨는 자격증을 따기 위해서 학원에 다닙니다.　　　　(　　　　)

④ 나나 씨는 드라마를 보기 위해서 대학교에 입학했습니다.　(　　　　)

❹ 자신의 장래 희망을 쓰세요.

_____

_____

_____

_____

◎ 6 **❶** 직업이 무엇입니까? 다음을 듣고 알맞은 것을 고르세요.

それぞれの文を聞いて最も適切な職業を選びなさい。

(1) ① 화가　　　　　② 교사　　　　　③ 만화가　　　　　④ 운전사

(2) ① 은행원　　　② 아나운서　　　③ 택배 기사　　　④ 관광 가이드

(3) ① 가수　　　　② 연예인　　　　③ 간호사　　　　　④ 음악가

(4) ① 선생님　　　② 운동선수　　　③ 신문 기자　　　④ 택배 기사

◎ 7 **❷** 다음 대화를 듣고 물음에 답하세요.　次の会話を聞いて問いに答えなさい。

(1) 여자는 어디에 갑니까?

　　① 방송국　　　② 미술관　　　③ 여행사　　　④ 박물관

(2) 대화의 내용과 일치하는 것을 고르세요.　会話と内容が一致するものを選びなさい。

　　① 여자는 오늘 일을 안 합니다.

　　② 남자는 예술 작품을 만듭니다.

　　③ 여자와 남자는 오랜만에 만납니다.

　　④ 남자는 여자와 같은 직장에서 일합니다.

◎ 8 **❸** 다음을 듣고 물음에 답하세요.　次の話を聞いて問いに答えなさい。

(1) 여자의 장래 희망은 무엇입니까?

　　① 가수　　　　　　　　　② 한국어 교사

　　③ 연예인　　　　　　　　④ 관광 가이드

(2) 들은 내용과 일치하는 것을 고르세요.　聞いた内容と一致するものを選びなさい。

　　① 이 사람은 아직 한국어를 잘 못합니다.

　　② 이 사람은 자막 없이 미국 드라마를 봅니다.

　　③ 이 사람은 작년에 한국에 유학을 갔습니다.

　　④ 이 사람은 대학에서 처음 한국어를 배웠습니다.

가이드	ガイド	없다	ない，いない
간호사	看護師	없이	無く，ないままに
갖다	持つ，有する	여행사	旅行社
걸리다	（時間が）掛かる，（病気に）かかる	연수	研修
검색 (하다)	検索 (する)	연수를 떠나다	研修に出かける，研修に出る
경험	経験	연습 (하다)	練習 (する)
경험을 쌓다	経験を積む	연예인	芸能人
고등학교	高等学校	연주 (하다)	演奏 (する)
골든 위크	ゴールデンウィーク	예매 (하다)	予約 (する)，予約買い (する)
관광지	観光地	예술	芸術
교사	教師	오랜만	久しぶり
교수	教授	운전사	運転士
그냥	そのまま，ただ	음악가	音楽家
기사	（タクシー，バスなどの）運転手	인터넷	インターネット
나가다	出る，出かける，出向く	입학 (하다)	入学 (する)
단기	短期	자격증	資格証，免許状
대회	大会	자막	字幕
더	もっと	자신	自身，自分
돌보다	世話をする，面倒を見る，保護する	작품	作品
(-이/가) 되다	～になる，～となる	잘	よく，うまく，上手に
드레스	ドレス	잘하다	上手だ，得意だ，上手にする
-들	～たち，など，等（複数接尾語）	장갑	手袋
따다	取る	장래	将来
떠나다	去る，離れる，立つ，出る	전하다	伝える
만화가	漫画家	졸업	卒業
목표	目標	중학교	中学校
못하다	できない，なし得ない（不能）	직장	職場
미술관	美術館	찾아보다	探してみる
민속촌	民俗村	-처럼	～のように，～と同じく
방법	方法	초등학교	初等学校，小学校
방송국	放送局	카페	カフェ，喫茶店
배낭여행	バックパッカー，バックパック旅行	택배	宅配
배달 (하다)	配達 (する)	택배 기사	宅配配達員
소개 (하다)	紹介 (する)	편리하다	便利だ
시합	試合	피곤하다	疲れる
쌓다	積む	학기	学期
아나운서	アナウンサー	혼자	1人（独り），1人で
아직	まだ，いまだ (に)	홈페이지	ホームページ
악기	楽器	화가	画家
안내 (하다)	案内 (する)	환자	患者
어떤	どんな	희망	希望
어학연수	語学研修		

제2과 봉사 활동을 해 보고 싶어요.

어휘와 표현 ◆◆◆ |||||||||||||||||||||||||||||||||||||||||||||||||||||||||||||||||||||||||||||||||||||||||

9 〈 동아리 〉

 댄스부
 합창부
 연극
 배드민턴
 로봇

10 〈 感情表現 〉

 기쁘다
 슬프다
 즐겁다
 외롭다

 그립다
 부럽다
 부끄럽다
 답답하다

 힘들다
 무섭다
 행복하다
 불쌍하다

 떨리다 긴장되다
 대단하다 굉장하다
 지루하다 심심하다

연습 1 그림에 맞는 동아리를 쓰세요. 適切なものを書きなさい。

> 합창부　　댄스부　　연극부　　로봇　　배드민턴부

(1)＿＿＿＿＿＿＿＿＿＿　(2)＿＿＿＿＿＿＿＿＿＿　(3)＿＿＿＿＿＿＿＿＿＿

＊ 자신의 동아리 이름을 쓰세요.

(4)＿＿＿＿＿＿＿＿＿＿　(5)＿＿＿＿＿＿＿＿ 만들기　(6)＿＿＿＿＿＿＿＿＿＿

語彙と表現

연습 2 빈칸에 알맞은 단어를 쓰세요. 次の空欄に適切な単語を書きなさい。

1			2				3		
						1			
	3	⁴섭			4			5	
		섭							
5		하							
		다			6				

横

1. 凄い

2. 羨ましい

3. 怖い

4. 嬉しい

5. つまらない, 暇だ

6. もどかしい

縦

1. 楽しい

2. 恥ずかしい

3. 緊張する

4. 名残惜しい, 寂しい

5. 幸せだ

1 -네요 (〜ですね, 〜ますね)

話し手が経験したことや新しく知ったことに対して感嘆したりやや驚いたりした時に用いる。動詞と形容詞の基本形の「-다」を取り除いた後に「-네요」を付ける。名詞につなげる際は「-이네요/네요」になる。

> [보기1] 다음 주부터 학교 축제네요.　　(来週から学園祭ですね。)
> [보기2] 출근 시간에는 길이 많이 막히네요.　　(出勤時間には道がとても混みますね。)
> [보기3] 마크 씨의 한국어 능력은 정말 대단하네요.　　(マークさんの韓国語能力は本当にすごいですね。)

[연습 1] 「-네요」を用いて次の文を完成させなさい。

> 例) 아기가 인형처럼 귀엽다　→　아기가 인형처럼 귀엽네요.

1) 오늘은 날씨가 아주 덥다　　→　_____

2) 태형 씨는 정말 멋있다　　→　_____

3) 강아지가 피아노를 치다　　→　_____

　　• 인형 人形　　• 귀엽다 可愛い　　• 멋있다 格好いい　　• 강아지 子犬

2 -을 때/ㄹ 때 (〜とき)

動作や状態が起こる時や進行中であることを表す。動詞と形容詞の基本形の「-다」を取り除いた後の最後の音節がパッチムで終わる場合は「-을 때」を, 母音で終わる場合は「-ㄹ 때」を付ける。なお, 名詞の後には「때」のみを付ける。

> [보기1] 화가 날 때는 어떻게 해요?　　(怒ったときはどうしますか。)
> [보기2] 뜨거운 음식을 먹을 때는 조심하세요.　　(熱い料理を食べるときは気をつけて下さい。)
> [보기3] 저는 외로울 때 친한 친구한테 전화를 해요.　　(私は寂しいとき親しい友達に電話をします。)

[연습 1] 次の表を完成させなさい。 (＊変則)

基本形	-을 때/ㄹ 때
배우다	
기쁘다	
심심하다	

基本形	-을 때/ㄹ 때
받다	
읽다	
마시다	

基本形	-을 때/ㄹ 때
걷다 ＊	
즐겁다 ＊	
만들다 ＊	

[연습 2] 「-을 때/ㄹ 때」を用いて次の文を完成させなさい。

> 例) 기분이 좋다 / 노래를 부르다　→　기분이 좋을 때 노래를 부릅니다.

1) 짜증이 나다 / 만화를 보다　　→　_____

2) 한국에 살다 / 한국어를 배웠다　　→　_____

3) 고향이 그립다 / 가족 사진을 보다　　→　_____

　　• 짜증이 나다 嫌気がさす, いらだたしくなる　　• 만화 漫画

16

문형 B

3 -아/어 보다 (〜てみる)

ある動作を一度試す時や経験したことを表す。動詞の基本形の「-다」を取り除いた後の最後の音節の母音が「ㅏ」と「ㅗ」の場合は「-아 보다」を, その他の場合は「-어 보다」を付ける。「하다」は「해 보다」になる。

> 보기1 초등학교 때 한국에 가 봤어요.　　(小学校の時, 韓国に行ったことがあります。)
> 보기2 봉사 활동을 해 보고 싶어요.　　(ボランティア活動をしてみたいです。)
> 보기3 다시 한번 읽어 보고 말해 보세요.　　(もう一度読んでから話してみてください。)

연습1 「-아/어 보다」を用いて次の文を完成させなさい。

> 例)　지난 주말에 삼계탕을 먹다　→　지난 주말에 삼계탕을 먹어 봤어요.

1) 어제 한복을 입다　　　　　→ _____

2) 작년에 김치를 만들다　　　→ _____

3) 어릴 때 비행기를 타다　　　→ _____

・어리다 幼い

4 -을게요/ㄹ게요 (〜します)

話者のある行動に対する意思や誓いを表す時や人と約束をする時に用いる。会話体の言葉で相手への親しみの込められた言い方でもある。動詞の基本形の「-다」を取り除いた後の最後の音節がパッチムで終わる場合は「-을게요」を, 母音またはパッチム「ㄹ」の場合は「-ㄹ게요」を付ける。

> 보기1 이따가 먹을게요.　　(後ほど食べます。)
> 보기2 나중에 메일로 연락할게요.　　(後でメールで連絡しますね。)
> 보기3 오빠한테 전화를 걸게요.　　(兄に電話を掛けますね。)

연습1 次の表を完成させなさい。（＊変則）

基本形	-을게요/ㄹ게요		基本形	-을게요/ㄹ게요		基本形	-을게요/ㄹ게요
가다			읽다			돕다 ＊	
마시다			닫다			듣다 ＊	
일어나다			씻다			열다 ＊	

연습2 「-을게요/ㄹ게요」を用いて次の文を完成させなさい。

> 例)　저도 같이 돕다　→　저도 같이 도울게요.

1) 여기에 앉다　　　　　→ _____

2) 나중에 다시 찾아보다　→ _____

3) 학교 앞에서 기다리다　→ _____

・돕다 手伝う, 助ける　・기다리다 待つ

⊚ 11

나나   다음 주부터 학교 축제네요.

마크 씨, 이번 축제 때 뭐 할 거예요?

마크   댄스부 친구들하고 춤을 출 거예요.

나나   와~, 대단하네요!

그런데 많은 사람들 앞에서 춤을 출 때 떨리지 않아요?

마크   많이 떨려요. 나나 씨는 떨릴 때 어떻게 해요?

나나   음…, 저는 조용한 음악을 들어요.

마크   아, 그것도 좋은 방법이네요. 그럼 축제 때 만나요.

• 와~ (感嘆詞) わあ   • 음… (感嘆詞) えーと, あのー, うーん

（가）	（나）
댄스부 친구들하고 춤을 추다	동아리 친구들하고 연극을 하다
대단하다	굉장하다
춤을 추다	공연을 하다
조용한 음악을 듣다	따뜻한 차를 마시다
（다）	（라）
합창부에서 노래를 부르다	
멋있다	
노래를 부르다	
친한 친구한테 전화를 하다	

⊚ 12

민호 나오 씨, 동아리 안내 봤어요?

나오 네, 봤어요. 민호 씨는 어떤 동아리를 하고 싶어요?

민호 저는 농구를 해 보고 싶어요. 나오 씨는요?

나오 저는 어릴 때부터 봉사 활동에 관심이 많았어요.

그래서 봉사 활동을 해 보고 싶어요.

민호 그래요? 저도 봉사 활동에 관심이 있어요.

나오 그럼 오늘 같이 한번 가 볼까요?

민호 미안해요. 오늘은 다른 약속이 있어요.

나오 그래요? 그럼 이따가 전화할게요.

민호 네, 기다릴게요.

- 관심 関心　　• 다른 他の, 別の　　• 약속 約束

(가)
농구를 하다
봉사 활동
봉사 활동을 하다
이따가 전화하다

(나)
사진을 찍다
기타
기타를 치다
나중에 메일을 보내다

(다)
만화를 배우다
로봇
로봇을 만들다
다시 연락하다

(라)

❶ 다음 중 알맞은 단어를 골라 문장을 완성하세요. 最も適切な言葉を選んで文を完成させなさい。

> 합창　　　댄스　　　연극　　　로봇　　　만화　　　배드민턴

(1) 민수 씨는 매주 월요일에 _____ 동아리 친구들과 춤을 춰요.

(2) 다음 주 _____ 대회에서는 어떤 노래를 부를까요?

(3) 지나 씨는 매주 수요일에 _____ 동아리에서 그림을 그려요.

(4) _____ 동아리에서는 5월 1일에 '햄릿' 공연을 해요.

　　・매주 毎週　　・햄릿 ハムレット（シェークスピアの4大悲劇の1つ）

❷ 〈보기〉와 같이 알맞은 어휘를 골라 대화를 완성하세요.
　　例のように最も適切な言葉を選んで会話を完成させなさい。

> 짜증이 나다　　　기쁘다　　　떨리다　　　심심하다　　　외롭다　　　피곤하다

　　[보기]　가 : 주말에 뭐 했어요?
　　　　　　나 : 출장을 갔어요. 그래서 아직 많이 **피곤해요**.

(1) 가 : 민정 씨는 누구하고 살아요?
　　 나 : 혼자 살아요. 그래서 조금 _____.

(2) 가 : 주말에 뭐 했어요?
　　 나 : 아무것도 안 했어요. 진짜 _____.

(3) 가 : 운전면허 시험이 오늘이에요?
　　 나 : 네, 오늘 두 시예요. 그래서 지금 너무 _____.

(4) 가 : 무슨 좋은 일 있어요?
　　 나 : 네, 한국어능력시험 2급에 합격했어요. 그래서 정말 _____.

(5) 가 : 무슨 기분 나쁜 일 있어요?
　　 나 : 네, 자동차가 또 고장이 났어요. 그래서 너무 _____.

　　・아무것(도) 何(も)　　・진짜 本当(に)　　・급 級　　・합격하다 合格する　　・고장이 나다 故障する

❸ <보기>와 같이 문장을 완성하세요. 例のように文を完成させなさい。

보기1　아주 대단하다　→　아주 대단하네요.
　　　（とてもすごい）

(1) 정말 부럽다　　　　　→ _____

(2) 진짜 떨리다　　　　　→ _____

(3) 너무 불쌍하다　　　　→ _____

(4) 많이 보고 싶다　　　　→ _____

보기2　춤을 추다 / 많이 긴장되다　→　춤을 출 때는 많이 긴장돼요.
　　　（踊りを踊る / とても緊張する）

(5) 힘들다 / 맛있는 음식을 먹다　→ _____

(6) 지루하다 / 텔레비전을 보다　→ _____

(7) 사진을 찍다 / 공원에 가다　→ _____

보기3　농구를 하다　→　농구를 해 보고 싶어요.
　　　（バスケットボールをする）

(8) 태권도를 배우다　　　→ _____

(9) 이 노래를 듣다　　　　→ _____

(10) 배드민턴을 치다　　　→ _____

(11) 다른 나라에서 살다　　→ _____

보기4　이름을 외우다　→　이름을 외울게요.
　　　（名前を覚える）

(12) 이따가 전화하다　　　→ _____

(13) 지금 이를 닦다　　　　→ _____

(14) 창문을 열다　　　　　→ _____

❶ 다음 대화를 읽고 물음에 답하세요. 次の会話を読んで問いに答えなさい。

> 제인 내일부터 여의도 벚꽃 축제네요. 마크 씨는 벚꽃 축제에 가 봤어요?
>
> 마크 네, 미국에 살 때는 가 봤어요. 하지만 한국에서는 이번에 처음 가요.
>
> 제인 와~, 부럽네요. 저도 한번 가 보고 싶어요.
>
> 마크 그럼 같이 갈까요?
>
> 제인 마크 씨 혼자 가요?
>
> 마크 아니요, 만화 동아리 친구들하고 같이 가요.
>
>   내일 오후 1시에 여의도 공원에서 만날 거예요.
>
> 제인 그럼 저도 내일 오후 1시까지 갈게요.
>
> • 여의도 汝矣島 (地名) • 벚꽃 桜, 桜の花 • 처음 初め, 初めて

(1) 마크 씨는 내일 어디에 갑니까?

① 미국   ② 오후 1시   ③ 만화 동아리   ④ 여의도 공원

(2) 위 대화의 내용과 <u>일치하지 않는</u> 것을 고르세요. 上記の会話と<u>一致しない</u>ものを選びなさい。

① 마크 씨는 미국에 살았습니다.   ② 마크 씨는 벚꽃 축제에 혼자 갑니다.
③ 두 사람은 내일 공원에서 만납니다.   ④ 제인 씨는 벚꽃 축제에 가고 싶습니다.

❷ 위의 ❶번 문제와 같이 대화를 완성하세요. 上記の❶にならって次の会話を完成させなさい。

> 지수 일본에 살다 / 배드민턴 동아리 / 내일 오후 6시 / 여의도역
>
> 앤디 내일부터 여의도 불꽃 축제네요. 지수 씨는 _____ 축제에 가 봤어요?
>
> 지수 네, _____에 살 때는 가 봤어요. 하지만 한국에서는 이번에 처음 가요.
>
> 앤디 와~, 부럽네요. 저도 한번 가 보고 싶어요.
>
> 지수 그럼 같이 갈까요?
>
> 앤디 지수 씨 혼자 가요?
>
> 지수 아니요, _____ 동아리 친구들하고 같이 가요.
>
>   내일 오후 _____에 _____에서 만날 거예요.
>
> 앤디 그럼 저도 _____까지 갈게요.
>
> • 여의도역 汝矣島駅   • 불꽃 花火

❸ 다음 문장을 읽고 물음에 답하세요. 次の文章を読んで問いに答えなさい。

> 저는 고등학교 때 처음 대학로에서 연극 '로미오와 줄리엣'을 봤습니다.
>
> 저는 슬픈 사랑 이야기의 연극을 보고 많이 울었습니다.
>
> 이때부터 연극에 관심이 생겼습니다.
>
> 그래서 대학교 동아리는 연극부에 들어갔습니다.
>
> 지난 5월 15일에 연극부의 첫 공연이 있었습니다.
>
> 저의 첫 공연에 가족과 친구들을 초대했습니다.
>
> 많은 사람들 앞에서 처음 공연을 했는데 많이 떨렸습니다.
>
> 하지만 사람들의 큰 박수 소리에 힘이 났습니다.
>
> 공연이 끝나고 친구들한테 예쁜 꽃다발도 받았습니다. 정말 기뻤습니다.
>
> 다음에는 긴장하지 않고 더 잘하고 싶습니다.
>
> • 대학로 大学路 (地名)   • 로미오와 줄리엣 ロミオとジュリエット   • 울다 泣く   • 이때 この時
> • 관심이 생기다 興味 (関心) が生じる   • 들어가다 入る   • 첫 初 (の)   • 박수 拍手
> • 힘이 나다 元気が出る, 力がつく   • 꽃다발 花束   • 긴장하다 緊張する

⑴ 이 사람은 무슨 동아리 활동을 합니까?

_____

⑵ 위 글의 내용과 일치하면 ○, 다르면 Ⅹ 하세요. 上の内容と一致すれば○, 違っていればⅩ を付けなさい。

① 이 사람은 공연 후에 친구들한테 꽃다발을 받았습니다.　　　　(　　　)

② 연극부의 첫 공연에는 많은 사람들이 오지 않았습니다.　　　　(　　　)

③ 이 사람은 고등학교 때 연극 공연을 보고 많이 울었습니다.　　　　(　　　)

④ 이 사람은 연극 동아리에서 '로미오와 줄리엣' 공연을 했습니다.　　　　(　　　)

❹ 자신의 동아리 활동에 대해서 쓰세요. 自分の部活について書きなさい。

_____

_____

_____

_____

_____

⓪-❸ 다음 대화를 듣고 물음에 답하세요. 次の会話を聞いて各問いに答えなさい。

⊚ 13 **❶** 여자는 무슨 동아리 활동을 하고 싶습니까?

① 댄스부   ② 연극부   ③ 합창부   ④ 만화 동아리

⊚ 14 **❷** 다음 대화를 듣고 여자의 감정을 가장 잘 표현한 것을 고르세요.
次の会話を聞いて女性の感情として最も適切なものを選びなさい。

①    ②   ③    ④

⊚ 15 **❸** 남자는 내일 무엇을 보러 갑니까?

①    ②    ③    ④

⊚ 16 **❹-❺** 다음 대화를 듣고 물음에 답하세요. 次の会話を聞いて各問いに答えなさい。

❹ 남자는 주말에 어디에 있었습니까?

① 집   ② 학교   ③ 극장   ④ 대학로

❺ 대화의 내용과 일치하는 것을 고르세요. 会話の内容と一致するものを選びなさい。

① 여자는 혼자 연극을 봤습니다.

② 남자는 연극을 보고 싶습니다.

③ 두 사람은 같이 영화를 봤습니다.

④ 영화를 보고 여자는 화가 났습니다.

語彙

강아지	子犬	불쌍하다	かわいそうだ，気の毒だ
고장	故障	생기다	生ずる，生じる，出る
고장이 나다	故障する，壊れる	섭섭하다	名残惜しい，寂しい
관심	関心	슬프다	悲しい
굉장하다	すばらしい，すごい	심심하다	退屈だ
귀엽다	かわいい，愛らしい，いとしい	아무것	(特定しないで) 何，なん
그립다	懐かしい，恋しい	약속	約束
급	級	어리다	幼い，幼稚だ
기다리다	待つ	연극	演劇
기쁘다	嬉しい，喜ばしい	연극부	演劇部
긴장하다	緊張する	연락(하다)	連絡 (する)
긴장되다	緊張する	와	(感嘆詞) わあ
꽃다발	花束	외롭다	(身寄りが無くて) 心細い，寂しい
나다	…になる，出る，起こる	외우다	覚える，暗記する
나중	後，後ほど	울다	泣く
능력	能力	음	(感嘆詞) えーと，あのー，うーん
다른	他の，別の	이따가	少し後で，後ほど
답답하다	じれったい，もどかしい，息苦しい	이때	この時，今，今時
대단하다	非常に…だ，すばらしい	인형	人形
댄스	ダンス	조심하다	注意する，注意をはらう，気をつける
댄스부	ダンス部	즐겁다	楽しい，愉快だ，うれしい
돕다	助ける，手伝う	지루하다	退屈だ，あきあきする
동아리	サークル，クラブ	진짜	本当，本当に
들어가다	入る	짜증	うんざりすること，いらだち
떨리다	緊張する	짜증이 나다	嫌気がさす
뜨겁다	熱い	처음	初め，最初，初めて
로봇	ロボット	첫	初め (て) の，初 (の)
막히다	詰まる	출근	出勤
만화	漫画	친하다	親しい，近しい，親しむ
매주	毎週	-한테	(誰々) に (やや口語的表現)
멋있다	しゃれている，すてきだ	합격(하다)	合格 (する)
메일	メール	합창	合唱
무섭다	恐ろしい，怖い	합창부	合唱部
박수	拍手	행복하다	幸福だ，幸せだ
배드민턴	バドミントン	화	怒り，憤り
배드민턴부	バドミントン部	화가 나다	腹が立つ，腹立たしい
벚꽃	桜，桜の花	활동	活動
봉사	奉仕，サービス	힘	力，体力
부끄럽다	恥ずかしい，てれくさい	힘들다	骨が折れる，苦労する，苦しむ
부럽다	うらやましい	힘이 나다	力がつく，元気が出る
불꽃	花火，火花		

어머니 생신 선물을 사러 가요.

어휘와 표현 ◆◆◆ ▍▍

◎ 17 〈 敬語① 〉

집 → 댁

나이 → 연세

생일 → 생신

이름 → 성함

밥 → 진지

말 → 말씀

있다 → 계시다

주다 → 드리다

자다 → 주무시다

만나다 → 뵙다

마시다 → 드시다

먹다 → 드시다
잡수시다

◎ 18 〈 색 • 색깔 〉

| 빨간색 | 주황색 | 노란색 | 초록색 | 파란색 | 보라색 |

| 분홍색 | 갈색 | 회색 | 하얀색, 흰색 | 검은색, 까만색 |

敬語表現

◎ 19

- 아기가 자요.
- 언니가 말해요.
- 친구에게 말했어요.
- 이 사람은 우리 언니예요.
- 제 친구는 가수예요.
- 몇 살이에요?
- 이름이 뭐예요?

- 할머니께서 주무세요.
- 아버지께서 말씀하세요.
- 선생님께 말씀드렸어요.
- 이분은 우리 어머니세요.
- 우리 할아버지께서는 은행원이세요.
- 연세가 어떻게 되세요?
- 성함이 어떻게 되세요?

연습 1 알맞은 것을 연결하세요. 正しいものを選んで結びなさい。

(1) 나이　　　(2) 이름　　　(3) 집　　　(4) 생일　　　(5) 밥

•　　　　　•　　　　　•　　　　　•　　　　　•

•　　　　　•　　　　　•　　　　　•　　　　　•

생신　　　　진지　　　　연세　　　　성함　　　　댁

연습 2 <보기>와 같이 문장을 바꿔 쓰세요. 例のように文を書き変えなさい。

보기　동생이 밥을 먹었어요. → 할머니께서 진지를 잡수셨어요.

(1) 저는 일본에 있어요.　　　　→ 어머니께서는 일본에 _____.

(2) 미나 씨 집은 어디예요?　　　→ 선생님 _____은 어디세요?

(3) 아이가 물을 마셔요.　　　　→ 할아버지께서 물을 _____.

(4) 남동생에게 말했어요.　　　　→ 선생님____ _____.

(5) 이름이 뭐예요?　　　　　　→ _____이 어떻게 되세요?

(6) 몇 살이에요?　　　　　　　→ _____?

연습 3 그림에 맞게 문장을 완성하세요. 例のように文を完成させなさい。

보기　　→ 빨간색 모자를 써요.

(1)

→ 어제 _____ 스카프를 샀어요.

(3)

→ _____ 스웨터를 입을 거예요.

(2)

→ _____ 운동화를 신었어요.

(4)

→ 제 가방 색깔은 _____이에요.

•　(모자를)쓰다　(帽子を)被る　　•　스카프　スカーフ　　•　스웨터　セーター

문형 A

1 -으러/러 (~しに)

가다/오다/다니다/나가다/들어가다等のような移動動詞の前に来て, その行為を行う目的を表す。動詞の基本形の「-다」を取り除いた後の最後の音節がパッチムで終わる場合は「-으러」を, パッチム「ㄹ」または母音で終わる場合は「-러」を付ける。

> 보기1 돈을 찾으러 은행에 가요.　　　　　(お金をおろしに銀行に行きます。)
> 보기2 책을 빌리러 도서관에 왔어요.　　　(本を借りに図書館に来ました。)
> 보기3 다음 주에 남자 친구와 놀러 갈 거예요.　(来週彼氏と一緒に遊びに行く予定です。)

연습1 次の表を完成させなさい。(*変則)

基本形	-으러/러		基本形	-으러/러		基本形	-으러/러
만나다			찾다			듣다 *	
가르치다			찍다			만들다 *	

연습2 「-으러/러」を用いて次の文を完成させなさい。

> 例)　식당에는 왜 갔어요? (밥을 먹다)　→　밥을 먹으러 갔어요.

1) 백화점에 왜 갔어요? (옷을 바꾸다)　→ _____
2) 방학에 학교에는 왜 왔어요? (교과서를 받다) → _____
3) 뭐 하러 가요? (여권을 만들다)　→ _____

　• 바꾸다 変える, 交換する　• 여권 旅券, パスポート

2 -을래요/ㄹ래요(?) (~します(か))

聞き手の趣向や意向を尋ねる時や話し手の意思を伝える時に用いる。会話体の言い方で相手への親しみの込められた言葉でもある。動詞の基本形の「-다」を取り除いた後の最後の音節がパッチムで終わる場合は「-을래요」を, パッチム「ㄹ」または母音で終わる場合は「-ㄹ래요」を付ける。

> 보기1 저는 연극을 볼래요.　　　(私は演劇を観ます。)
> 보기2 무슨 음식을 먹을래요?　　(何の料理を食べますか。)

연습1 次の表を完成させなさい。(*変則)

基本形	-을래요/ㄹ래요		基本形	-을래요/ㄹ래요		基本形	-을래요/ㄹ래요
사다			앉다			돕다 *	
배우다			신다			살다 *	

연습2 「-을래요/ㄹ래요」を用いて次の文を完成させなさい。

> 例)　빨간색 구두를 사다　→　빨간색 구두를 살래요.

1) 내일 다시 오다(?)　　　→ _____
2) 같이 음악을 듣다(?)　　→ _____
3) 파티에서 한복을 입다　→ _____

문형 B

3 -으시/시- (尊敬表現)

動詞・形容詞の尊敬形を作る時に用いる。この際, 主格の助詞「-이/가」も尊敬の主格「-께서」を使う。
動詞・形容詞の基本形の「-다」を取り除いた後の最後の音節がパッチムで終わる場合は「-으시-」を, パッチム「ㄹ」
または母音で終わる場合は「-시-」を付ける。

> 보기1 무엇을 찾으십니까? （何をお探しですか。）
> 보기2 직접 보시면 놀라실 거예요. （直接ご覧になられると驚かれるでしょう。）
> 보기3 어떠십니까? 마음에 드십니까? （いかがですか。お気に召しましたか。）

연습 1 次の表を完成させなさい。(＊変則)

基本形	-으십니다/십니다	基本形	-으십니다/십니다	基本形	-으십니다/십니다
가다		찾다		돕다 ＊	
그리다		앉다		듣다 ＊	
아프다		많다		알다 ＊	

연습 2 「-으시/시-」を用いて次の文を完成させなさい。

> 例) 선생님이 조금 늦다 → 선생님께서 조금 늦으십니다.

1) 이곳에 살다(?) → ＿＿＿＿＿＿＿＿＿＿＿＿＿＿

2) 많이 피곤하다(?) → ＿＿＿＿＿＿＿＿＿＿＿＿＿＿

3) 어른들은 별로 안 좋아하다 → ＿＿＿＿＿＿＿＿＿＿＿＿

- 이곳 ここ, この地 　・어른(들) 大人(たち) 　・별로 さほど

4 -아/어 주다 (〜てくれる[もらう]/〜てやる[あげる])

文の主語または話し手が聞き手のためになる行為をする時に用いる。そしてその行為を受ける対象が目上の人である時やより丁寧な対応をする時は「-아/어 드리다」を使う。動詞の基本形の「-다」を取り除いた後の最後の音節の母音が「아」「오」の場合は「-아 주다」を, その他の場合は「-어 주다」を付ける。

> 보기1 갈색 모자 하나만 포장해 주세요. （茶色の帽子を1つだけ包装して下さい。）
> 보기2 무거우세요? 같이 들어 드릴까요? （重いですか。一緒に運んで差し上げましょうか。）
> 보기3 지갑을 잃어버렸어요. 꼭 좀 찾아 주세요. （財布を無くしてしまいました。ぜひ探して下さい。）

연습 1 「-아/어 주세요」を用いて次の文を完成させなさい。

> 例) 선물을 사다 → 선물을 사 주세요.

1) 창문을 열다 → ＿＿＿＿＿＿＿＿＿＿＿＿＿＿＿＿

2) 표를 예매하다 → ＿＿＿＿＿＿＿＿＿＿＿＿＿＿＿＿

3) 잠시만 기다리다 → ＿＿＿＿＿＿＿＿＿＿＿＿＿＿＿

- 잠시만 少々, しばらく （・잠시 しばらく, しばし ・-만 〜だけ）

💿 20

나나 　마크 씨, 어디에 가요?

마크 　백화점에 누나 선물을 사러 가요.

　　　 나나 씨도 같이 갈래요?

나나 　아, 저는 지금 택배를 보내러 가야 해요.

마크 　그래요? 그럼 혹시 내일 오후에는 시간 있어요?

　　　 한국어 반 친구들과 노래방에 가려고 하는데 같이 갈래요?

나나 　네, 좋아요! 저도 같이 갈게요.

마크 　그럼 내일 아침에 다시 연락할게요.

　　・ 혹시　ひょっとして　　・ 반　クラス, 班

(가)
백화점 / 누나 선물을 사다
택배를 보내다
노래방에 가려고 하는데 같이 가다
가다

(나)
공원 / 사진을 찍다
책을 빌리다
연극 공연을 보려고 하는데 같이 보다
보다

(다)
미나 씨 집 / 밥을 먹다
여권을 만들다
김치를 만들려고 하는데 같이 하다
만들다

(라)

◎ 21

점원 어서 오십시오. 무엇을 찾으십니까?

손님 할머니 생신 선물을 사러 왔어요.

점원 이 꽃은 어떠십니까?

　　　어른들께서 **아주 좋아하십니다**.

손님 우리 할머니는 꽃을 별로 안 좋아하세요.

점원 그럼 이 **빨간색 가방**은 어떠십니까?

손님 혹시 **파란색**도 있어요?

　　　할머니께서 파란색을 좋아하세요.

점원 네, 잠시만 기다려 주세요.

　　　여기 있습니다. 어떠십니까?

손님 정말 예쁘네요. 이거 **포장해** 주실 수 있어요?

(가)
아주 좋아하다
빨간색 가방
파란색
포장하다

(나)
많이 사다
노란색 스카프
분홍색
배달하다

(다)
자주 찾다
흰색 스웨터
회색
내일까지 보내다

(라)

❶ <보기>와 같이 상대에 알맞는 질문을 써 보세요. 例のように相手に相応しい質問を書きなさい。

[보기] 이름이 뭐예요? → 성함이 어떻게 되세요?

(1) 몇 살이에요? → _____가 어떻게 _____?

(2) 집이 어디예요? → _____이 어디_____?

(3) 밥 먹었어요? → 진지 _____?

(4) 학생이에요? → 은행원_____?

(5) 지금 어디에 있어요? → 지금 어디에 _____?

❷ 다음 문장에 알맞게 그림을 색칠해 보세요. 各人物に関する説明文を参考に色を塗りなさい。

<나나>   <마크>

(1) 나나 씨는 **보라색** 모자를 썼어요.

(2) 나나 씨는 **분홍색** 스웨터를 입었어요.

(3) 나나 씨는 **까만색** 치마를 입었어요.

(4) 나나 씨는 **주황색** 가방을 들었어요.

(5) 나나 씨는 **빨간색** 구두를 신었어요.

(6) 마크 씨는 **갈색** 모자를 썼어요.

(7) 마크 씨는 **초록색** 티셔츠를 입었어요.

(8) 마크 씨는 **파란색** 바지를 입었어요.

(9) 마크 씨는 **노란색** 양말을 신었어요.

(10) 마크 씨는 **회색** 운동화를 신었어요.

❸ <보기>와 같이 문장을 완성하세요. 例のように文を完成させなさい。

보기1	백화점 / 선물을 사다	→	백화점에 선물을 사러 가요.
	(百貨店 / プレゼントを買う)		

(1) 공원 / 사진을 찍다 → _____

(2) 우체국 / 편지를 보내다 → _____

(3) 문화 교실 / 김치를 만들다 → _____

보기2	일을 좀 도와주다(?)	→	일을 좀 **도와줄래요**?
	(仕事を手伝ってやる)		

(4) 손을 씻다 → _____

(5) 커피를 마시다 → _____

(6) 같이 노래방에 가다(?) → _____

보기3	어른들 / 아주 좋아하다	→	어른들께서 아주 좋아하십니다.
	(大人たち / とても好きだ)		

(7) 선생님 / 음악을 듣다 → _____

(8) 어머니 / 한복을 입다 → _____

(9) 아버지 / 신문을 보다 → _____

(10) 할아버지 / 자다 → _____

(11) 할머니 / 빵을 먹다 → _____

보기4	잠시만 기다리다	→	잠시만 기다려 주세요.
	(少し待つ)		

(12) 선물을 받다 → _____

(13) 한번만 만나다 → _____

(14) 그 편지를 읽다 → _____

❶ **다음 대화를 읽고 물음에 답하세요.** 次の会話を読んで問いに答えなさい。

> 유 키 김 선생님, 지금 바쁘세요?
>
> 김 선생님 네, 잠깐 백화점에 가야 해요.
>
> 유 키 백화점에는 왜 가세요?
>
> 김 선생님 아버지 생신 선물을 사러 가요.
>
> 유 키 아버님 생신이세요?
>
> 김 선생님 네, 다음 주 월요일이 아버지 생신이에요.
>
> 유 키 아버님도 일본에 계세요?
>
> 김 선생님 아니요, 한국에 사세요. 이번 주말에 일본에 오실 거예요.
>
> • 잠깐 しばらく, つかの間 • 아버님 お父様 (아버지의 尊敬表現)

(1) 김 선생님은 언제 백화점에 갑니까?

① 오늘 　　　　　② 다음 주 　　　　　③ 월요일 　　　　　④ 이번 주말

(2) 위 대화의 내용과 일치하는 것을 고르세요. 上記の会話と一致するものを選びなさい。

① 유키 씨는 잠깐 백화점에 갑니다. 　　② 김 선생님은 지금 일본에 삽니다.

③ 유키 씨는 아버지 선물을 샀습니다. 　　④ 김 선생님 아버지는 일본에 사십니다.

❷ **위의 ❶번 문제와 같이 대화를 완성하세요.** 上記の❶にならって次の会話を完成させなさい。

> 보기 이 선생님 　　　　　어머니 생신 선물을 사다
>
> 　　　이 선생님 어머니 　　한국에 살다 / 다음 주말에 미국에 오다

> 마 크 이 선생님, 지금 _____?
>
> 이 선생님 네, 잠깐 백화점에 가야 해요.
>
> 마 크 백화점에는 왜 가세요?
>
> 이 선생님 _____ 생신 선물을 사러 가요.
>
> 마 크 어머님 _____이세요?
>
> 이 선생님 네, 다음 주 목요일이 어머니 생신이에요.
>
> 마 크 _____도 미국에 계세요?
>
> 이 선생님 아니요, 한국에 _____. 다음 주말에 미국에 _____ 거예요.
>
> • 어머님 お母様 (어머니의 尊敬表現)

❸ 다음 편지를 읽고 물음에 답하세요. 次の文章を読んで問いに答えなさい。

그리운 부모님께

어머니, 아버지, 그동안 잘 지내셨어요? 저는 잘 지내요.

벌써 5월이네요. 한국에서의 유학 생활은 아주 즐거워요.

학교에서는 여러 나라의 친구들을 많이 사귀었어요.

하숙집 아주머니는 항상 친절하시고, 요리를 정말 잘하세요.

한국은 5월에 기념일이 많아요. 오늘은 어버이날이에요.

한국어 선생님께서 오늘 수업 시간에 말씀해 주셨는데,

한국에서는 어버이날에 부모님께 카네이션 꽃을 드려요.

그래서 오늘은 어머니, 아버지가 더 많이 보고 싶어요.

5월에 한국에 놀러 오실 수 있으세요?

연락 기다릴게요. 항상 건강하세요.

어머니, 아버지, 사랑해요!

5월 8일 수요일

한국에서 료타 올림

- 그동안 その間
- 지내다 過ごす, 暮らす
- 벌써 既に, 早くも
- 사귀다 付き合う, 親しむ
- 하숙집 下宿先, 下宿屋
- 친절하다 親切だ
- 기념일 記念日
- 어버이날 父母の日
- 카네이션 カーネーション
- 항상 いつも
- 건강하다 健康だ
- 사랑하다 愛する
- 올림 拝(手紙で)

(1) 한국은 오늘 무슨 날입니까? 韓国は今日何の日ですか。

_____

(2) 위 글의 내용과 일치하면 ◯, 다르면 ✕ 하세요. 上の内容と一致すれば◯, 違っていれば✕を付けなさい。

① 료타 씨 어머니는 한국에 사십니다.   (   )

② 한국은 5월에 기념일이 많이 있습니다.   (   )

③ 료타 씨의 하숙집 아주머니는 요리를 잘하십니다.   (   )

❹ 보고 싶은 사람이나 그리운 사람에게 안부를 묻는 편지를 쓰세요.

会いたい人や懐かしい人宛に安否を尋ねる手紙を書きなさい。

_____

_____

_____

_____

_____

①-③ 다음 대화를 듣고 질문에 가장 알맞은 답을 고르세요.
会話を聞いて各問いに最も適切な答えを選びなさい。

◎ 22 **①** 여자는 지금 어디에 갑니까?

① 서점   ② 학교

③ 식당   ④ 집

◎ 23 **②** 남자는 왜 신발 가게에 왔습니까?

① 여자 운동화를 사러   ② 회색 운동화를 사러

③ 운동화 사이즈를 바꾸러   ④ 운동화 색깔을 바꾸러

◎ 24 **③** 여자는 무엇을 샀습니까?

①    ②    ③    ④

④-⑤ 다음 대화를 듣고 내용과 일치하는 것을 고르세요.
会話を聞いてそれぞれの会話と内容が一致するものを選びなさい。

◎ 25 **④** ① 남자는 할머니와 같이 살아요.

② 오늘은 남자의 할머니 생신이에요.

③ 남자는 어제 가족 사진을 찍었어요.

④ 남자의 아버지는 어제 놀러 가셨어요.

◎ 26 **⑤** ① 남자는 혼자 영화를 봅니다.

② 여자는 매운 음식을 좋아합니다.

③ 여자는 내일 저녁에 시간이 없습니다.

④ 두 사람은 오늘 같이 저녁을 먹으러 갑니다.

갈색	茶色，褐色	생신	お誕生日 (「생일」の敬語)
건강하다	健康だ	성함	お名前 (「이름」の敬語)
검은색	黒，黒色	스웨터	セーター
그동안	その間	스카프	スカーフ
기념일	記念日	쓰다	被る，(頭などに) 着ける，(眼鏡などを) 描ける
까만색	黒色	아버님	お父様，父上 (「아버지」の尊称)
-께	(誰々) に (「-에게」の敬語)	어떠하다	どうである
-께서	(誰々) が (「-이/가」の敬語)	어른	大人
-께서는	(誰々) には，は (「-은/는」の敬語)	어머님	お母様，母上 (「어머니」の尊称)
꼭	必ず	어버이날	父母の日，親の日
나이	年齢	-에게	(誰々) に
남자 친구	彼氏	여권	旅券，パスポート
노란색	黄色	연세	お年 (「나이」の敬語)
놀다	遊ぶ	올림	(手紙で) ～拝
놀라다	驚く	이곳	ここ，この地
늦다	遅い	잃어버리다	無くしてしまう，失う
댁	お宅	있다	有る，居る
도와주다	手伝ってやる，手助けする	잠깐	しばらく，つかの間
드리다	(差し) 上げる	잠시	しばらく，しばし
들다	入る／(手に) 持つ，持ち上げる	잠시만	少々，しばらく，ちょっと
디자인	デザイン	잡수시다	召し上がる (「먹다」の敬称)
마음에 들다	気に入る，好ましい	좀	少し，ちょっと (「조금」の省略形)
-만	～(に) だけ，～ばかり，～のみ	주황색	だいだい色
말씀	目上の人の言葉，お話，お言葉	줍다	拾う，拾い上げる
말씀하다	おっしゃる，お話をする	지내다	過ごす，暮らす
말하다	言う，話す	직접	直接，直に
바꾸다	変える，交換する，変更する	진지	ご飯，お食事 (「밥」の敬語)
반	班，クラス	찾다	探す，探る，見つける，探し出す
벌써	既に，もう	초록색	緑色
별로	別に，さほど，あまり	친절하다	親切だ，優しい
보라색	紫色	카네이션	カーネーション
뵙다	お目に掛かる (「만나다」の謙譲語)	파란색	青色
분홍색	桃色，ピンク色	포장 (하다)	包装 (する)
빌리다	借りる，貸す	하숙집	下宿先，下宿屋
빨간색	赤色	하얀색	白色
사귀다	付き合う，親しむ，交際する	항상	いつも，常に
사랑하다	愛する，恋する	혹시	もしか (したら)，ひょっとしたら
색	色	회색	灰色，グレー
색깔	色，色彩	흰색	白，白色

감기에 걸려서 못 가요.

◎ 27 어휘와 표현 ◆◆◆ |||||||||||||||||||||||||||||||||||||||||||||||||||||||||||||||||||||||||||||||||||||||||||

〈 怪我と病気 〉

감기에 걸리다

콧물이 나오다

두통이 심하다

소화가 안되다

배탈이 나다

열이 나다

기침을 하다

팔을 다치다

땀이 나다

피를 흘리다

상처가 생기다

통증이 심하다

병에 걸리다

주사를 맞다

치료를 받다

병이 낫다

体の具合や症状を尋ねる表現

◎ 28

・어떻게 오셨어요?	どうされましたか。どんなご用でいらっしゃいますか。
・어디가 아프세요?	どこか具合が悪いですか。どこが痛いですか。
・몸이 안 좋으세요?	身体の調子がよくないですか。
・언제부터 아프셨어요?	いつから具合が悪かったですか。
・별로 걱정하지 마세요.	あまり心配しないでください。
・푹 쉬세요.	よく休んでください。
・감기 조심하세요.	風邪 (を引かないよう) に気をつけてください。

연습 1 알맞은 것을 연결하세요. 正しいものを選んで結びなさい。

(1)  •　　•　팔을　•　　•　나오다

(2) 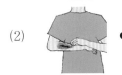 •　　•　상처가　•　　•　심하다

(3)  •　　•　통증이　•　　•　다치다

(4)  •　　•　콧물이　•　　•　생기다

연습 2 <보기>와 같이 대화를 완성하세요. 例のように会話を完成させなさい。

보기

A : 몸이 어떻게 아프세요?
B : 소화가 안돼요.

(1)

A : 어떻게 오셨어요?

B : 열이 ＿＿＿＿＿＿.

(2)

A : 몸이 안 좋으세요?

B : 네, 두통이 ＿＿＿＿＿.

(3)

A : ＿＿＿＿＿＿ 아프셨어요?

B : 어제부터 아팠어요.

(4)

A : ＿＿＿＿＿＿ 아프세요?

B : ＿＿＿＿ 다쳤어요.

(5)

A : 언제부터 ＿＿＿＿＿?

B : 아침부터 ＿＿＿＿＿.

(6)

A : ＿＿＿＿＿＿ 오셨어요?

B : 배탈이 ＿＿＿＿.

1 -아서/어서 ① (～て,～ので)

「-아서/어서」を付けることで, 後に続く結果に対する原因や理由を表す。基本形の「-다」を取り除いた後の最後の音節の母音が「-아, -오」の場合は「-아서」を, その他の場合は「-어서」を, 「-하다」で終わる動詞・形容詞は「-해서」になる。また, 時制は後続節でのみ表すことができる。

보기1 약을 먹**어서** 병이 다 나았어요. （薬を飲んだので病気がすっかり治りました。）
보기2 배가 계속 아**파서** 소화제를 먹었어요. （お腹がずっと痛くて消化剤を飲みました。）
보기3 날씨가 너무 추**워서** 감기에 걸렸어요. （天気がとても寒くて風邪を引きました。）
보기4 길에서 넘어**져서** 무릎을 다쳤어요. （道で転んで膝を怪我しました。）

연습 1 次の表を完成させなさい。(＊変則)

基本形	-아서/어서
보다	
마시다	
맛있다	

基本形	-아서/어서
재미없다	
공부하다	
좋아하다	

基本形	-아서/어서
듣다 *	
낫다 *	
예쁘다 *	

연습 2 「-아서/어서」を用いて次の文を完成させなさい。

例) 감기에 걸리다 / 콧물이 나다 → 감기에 걸**려서** 콧물이 나요.

1) 코트를 입다 / 따뜻하다 → _____

2) 날씨가 덥다 / 걱정이 되다 → _____

3) 상처가 낫다 / 기분이 좋다 → _____

· 걱정이 되다 心配になる　· 상처가 낫다 傷が治る

2 못 (～できない)

「못」は動詞の前に付けて何かをする能力がない, 希望や望みが叶わないことを表す。

보기1 감기에 걸려서 학교에 **못** 가요. （風邪を引いたので学校に行けません。）
보기2 일이 아직 안 끝나서 지금은 퇴근 **못** 해요. （仕事がまだ終わらないので今帰れません。）
보기3 공부를 안 해서 시험을 **못** 봤어요. （勉強をしなかったので試験の結果はダメでした。）

연습 1 「-아서/어서」と「못」を用いて次の文を完成させなさい。

例) 김치가 맵다 / 먹다 → 김치가 **매워서 못** 먹어요.

1) 숙제가 많다 / 놀다 → _____

2) 다른 약속이 있다 / 만나다 → _____

3) 목이 아프다 / 노래를 하다 → _____

· 노래를 하다 歌を歌う, 歌う

3 -지 마세요 (~しないでください)

動詞の基本形の「-다」を取り除いた後に付けて, 聞き手に対してある行動を禁ずることを命令·指示·要請·勧誘する時に用いる。「-지 마세요」は「-지 말다 (~しない)」の丁寧な命令形である。

보기1 기침을 참지 마세요.　　　　　(咳を我慢しないでください。)
보기2 여기에 쓰레기를 버리지 마세요.　　(ここにゴミを捨てないでください。)
보기3 식사 전에 약을 드시지 마세요.　　(食事の前に薬を飲まないでください。)

연습1 「-지 마세요」を用いて次の文を完成させなさい。

例)　　말을 많이 하다　　　→　　말을 많이 하지 마세요.

1) 옆 사람에게 말을 걸다　　　→　_____

2) 박물관에서 사진을 찍다　　　→　_____

3) 수업 중에 휴대폰을 보다　　　→　_____

・말을 걸다 言葉をかける, 話しかける

4 -아야/어야 돼요 (?) (~しなければならないです (か))

「-아야/어야 해요 (?)」と同じ意味合いで用いられる。動詞·形容詞の基本形の「-다」を取り除いた後の最後の音節の母音が「-아, -오」の場合は「-아야」を, その他の場合は「-어야」を, 「-하다」の場合は「-해야」を付ける。

보기1 지금 바로 병문안을 가야 돼요.　　　(今すぐお見舞いに行かなければなりません。)
보기2 치과에서 이를 치료해야 돼요?　　　(歯科で歯を治療しなければなりませんか。)
보기3 건강을 위해서 손을 자주 씻어야 돼요.　(健康のために手をしばしば洗わなければなりません。)

연습1 次の表を完成させなさい。 (＊変則)

基本形	-아야/어야 돼요 (?)
오다	
먹다	
마시다	

基本形	-아야/어야 돼요 (?)
이를 닦다	
음악을 듣다*	
편지를 쓰다*	

연습2 「-아야/어야 돼요, -아야/어야 해요」を用いて次の文を完成させなさい。

例)　　시험 공부를 하다　　　→　　시험 공부를 해야 돼요. / 시험 공부를 해야 해요.

1) 돈을 벌다　　　→　_____

2) 약속을 지키다　　　→　_____

3) 3일 동안 치료를 받다　　　→　_____

・(돈을) 벌다 (お金を) 稼ぐ　　・지키다 守る　　・동안 間

🎧 29

하나 　마크 씨, 내일 같이 백화점에 갈 수 있어요?

마크 　미안해요. 감기에 걸려서 못 가요.

하나 　그래요? 많이 아파요?

마크 　네. 열도 나고 기침도 나요.

하나 　약은 먹었어요?

마크 　네, 먹었어요. 그런데 계속 아파요.

하나 　그럼 이따가 같이 병원에 가요.

마크 　고마워요. 그럼 우리 집 앞에서 만나요.

(가)	(나)
내일	오늘 오후에
감기에 걸리다	배탈이 나다
열도 나고 기침도 나다	배도 아프고 땀도 나다
이따가	1시간 후에

(다)	(라)
퇴근하고	
이가 아프다	
머리도 아프고 통증도 심하다	
퇴근 후에	

30

의사	어떻게 오셨어요?

의사　어떻게 오셨어요?

마크　기침이 나고 목도 아파서 왔어요.

의사　언제부터 아프셨어요?

마크　어제 아침부터 계속 아팠어요.

* *

의사　감기입니다. 이 약을 3일 동안 드시고 푹 쉬세요.

마크　네. 그런데 약은 언제 먹어야 돼요?

의사　식사 전에 드세요.

　　　그리고 오늘은 말을 많이 하지 마세요.

마크　네, 알겠습니다. 감사합니다.

(가)	(나)
기침도 나고 목도 아프다	배가 아프고 소화도 안되다
감기	배탈
식사 전에	밥을 먹고 바로
말을 많이 하다	고기를 드시다

(다)	(라)
열이 나고 머리가 계속 아프다	
두통	
식사 후에	
일을 많이 하다	

❶ 밑줄에 들어갈 알맞은 단어를 <보기>에서 찾아 쓰세요. 最も適切な単語を書きなさい。

> [보기] 감기약   병원   치료   병문안   소화제   치과   감기

(1) 배가 아픕니다. 그래서 _____에 갑니다.

(2) 소화가 잘 안됩니다. 그래서 _____을/를 먹습니다.

(3) 아침부터 기침이 나고 열도 있어서 _____을/를 먹었습니다.

(4) _____에 가지 않으려고 매일 열심히 이를 닦습니다.

(5) 오늘 날씨가 많이 춥네요. _____ 조심하세요.

❷ 반대되는 표현을 찾아 연결하세요. 反対の表現を探して結びなさい。

[보기] **병에 걸리다** ●   ● 몸이 아프다

(1) 건강에 좋다 ●   ● 상처가 생기다

(2) 열이 있다 ●   ● **병이 낫다**

(3) 몸이 건강하다 ●   ● 기침을 참다

(4) 상처가 낫다 ●   ● 건강에 나쁘다

(5) 기침을 하다 ●   ● 열이 없다

❸ 일본어에 알맞은 표현을 <보기>에서 찾아 쓰세요. 最も適切な表現を書きなさい。

> [보기]   땀이 나다   치료를 받다   몸이 건강하다   다리를 다치다
>   상처가 낫다   주사를 맞다   병문안을 가다   통증이 심하다

(1) 治療を受ける   → _____

(2) お見舞いに行く   → _____

(3) 体が丈夫だ   → _____

(4) 傷が治る   → _____

(5) 痛みが激しい   → _____

❹ 〈보기〉와 같이 문장을 완성하세요. 例のように文を完成させなさい。

[보기1]   피곤하다 / 어제는 일찍 잤다   →   피곤해서 어제는 일찍 잤어요.
（疲れる / 昨日は早く寝た）

(1) 배가 아프다 / 병원에 가다   → _____

(2) 날씨가 덥다 / 집에서 쉬었다   → _____

(3) 치료를 받다 / 지금은 괜찮다   → _____

(4) 이사를 하다 / 너무 힘들었다   → _____

[보기2]   돈이 없다 / 옷을 사다   →   돈이 없어서 옷을 못 사요.
（お金がない / 服を買う）

(5) 배탈이 나다 / 밥을 먹다   → _____

(6) 내일 일이 있다 / 만나다   → _____

(7) 감기에 걸리다 / 학교에 가다   → _____

(8) 공부를 안 하다 / 시험을 봤다   → _____

[보기3]   그림을 만지다   →   그림을 만지지 마세요.
（絵を触る, 絵に触れる）

(9) 아프다   → _____

(10) 너무 걱정하다   → _____

(11) 커피를 많이 마시다   → _____

(12) 옆 사람과 큰 소리로 말하다   → _____

[보기4]   밥을 먹고 약을 먹다   →   밥을 먹고 약을 먹어야 돼요.
（ご飯を食べてから薬を飲む）

(13) 약을 먹고 푹 쉬다   → _____

(14) 식사 후에 바로 약을 먹다   → _____

(15) 무릎을 다쳐서 치료를 받다   → _____

(16) 듣기 시험 동안 기침을 참다   → _____

❶ **다음 대화를 읽고 물음에 답하세요.** 次の会話を読んで問いに答えなさい。

> 남준   유키 씨, 감기는 괜찮아요? 지금도 많이 아파요?
>
> 유키   어제 병원에 가서 지금은 괜찮아요.
>
> 남준   그래요? 오늘도 병원에 가야 돼요?
>
> 유키   아니요, 오늘은 안 가요.
>
> 남준   그럼 이제 집에 가요?
>
> 유키   내일 시험이 있어서 지금은 못 가요. 도서관에서 공부해야 돼요.
>
> 남준   너무 무리하지 마세요.
>
> 유키   네, 고마워요.
>
> • 이제 今   • 무리하다 無理する

(1) 유키 씨는 지금 어디에 가요?

① 병원   ② 집   ③ 시험   ④ 도서관

(2) 위 대화의 내용과 일치하는 것을 고르세요. 会話の内容と一致するものを選びなさい。

① 유키 씨는 오늘 병원에 갑니다.   ② 유키 씨는 공부를 하러 갑니다.

③ 남준 씨는 지금 많이 아픕니다.   ④ 남준 씨는 내일 시험을 봅니다.

❷ **위의 ❶번 문제와 같이 대화를 완성하세요.** 上記の❶にならって次の会話を完成させなさい。

> 보기   수호   (어제) 치료를 받다
>
>   (오늘) 여동생이 한국에 오다 / 공항에 마중을 가다

> 제니   수호 씨, 눈은 어때요? 아직도 많이 아파요?
>
> 수호   어제 _____ 지금은 괜찮아요.
>
> 제니   그래요? 오늘도 병원에 _____?
>
> 수호   아니요, 오늘은 안 가도 돼요.
>
> 제니   그럼 이제 집에 가요?
>
> 수호   아니요, 오늘 여동생이 _____ 지금은 못 가요.
>
>   이따가 공항에 _____ 돼요.
>
> 제니   너무 _____.
>
> 수호   네, 고마워요.
>
> • 마중을 가다 迎えに行く. お出迎えをする

❸ 글의 내용과 일치하면 ○, 다르면 ✕ 하세요. 次の文章と内容が一致すれば○, 違っていれば✕を付けなさい。

마크의 블로그

20XX년 6월 30일 목요일 20시 40분
날씨: 비

어제 저녁에 갑자기 비가 왔어요.
그런데 우산이 없어서 비를 다 맞았어요.
오늘 아침부터 열이 나고 목도 아팠어요.
그래서 한국 친구하고 같이 집 근처 병원에 갔어요.
아침에 일찍 가서 사람이 많지 않았어요.
의사 선생님이 감기라고 말씀하셨어요.
병원에서 주사를 맞고, 약국에서 약을 샀어요.
저녁을 먹고 30분 후에 약을 먹었어요.
빨리 낫기 위해서 오늘은 일찍 자야 돼요.

"여러분, 감기 조심하세요!"

미나 서울은 여름에 비가 자주 내려요.
　　　특히 장마 때는 우산을 잊지 마세요.
　준 컴퓨터 너무 오래 하지 말고 오늘은 푹 쉬세요!
제인 많이 아파요? 내일 학교에 올 수 있어요?
☞ 나 내일은 못 가요. 다음 주에 만나요. (ㅜㅜ)

• 갑자기 急に, いきなり	• 비를 맞다 雨にあたる	• -(이)라고 ~と	• 특히 特に
• 장마 梅雨	• 잊다 忘れる	• 오래 長(ら)く	

(1) 마크 씨는 어제 일찍 병원에 갔습니다.　　　　　　　　　　(　　　　)

(2) 저녁을 먹기 전에 약을 먹어야 됩니다.　　　　　　　　　　(　　　　)

(3) 병원에 사람이 많아서 오래 기다렸습니다.　　　　　　　　(　　　　)

❹ 친구가 감기에 걸렸어요. 감기에 걸렸을 때 어떻게 해야 하는지 알려 주세요.
風邪を引いた友達に風邪を治すにはどうしたら良いか, あなたのコツを教えてください。

보기1 술을 마시지 마세요.　　　＿＿＿＿＿＿＿＿＿＿＿＿＿＿＿＿

보기2 일찍 자야 돼요.　　　　　＿＿＿＿＿＿＿＿＿＿＿＿＿＿＿＿

보기3 약을 먹어야 해요.　　　　＿＿＿＿＿＿＿＿＿＿＿＿＿＿＿＿

◎ 31 ❶ 다음 대화를 듣고 알맞은 것을 고르세요. 次の短い会話を聞いて適切なものを選びなさい。

(1)

(2)

(3)

(4)

❷ - ❹ 다음 대화를 듣고 내용과 일치하는 것을 고르세요.
会話を聞いてそれぞれの会話と内容が一致するものを選びなさい。

◎ 32 ❷ ① 여자는 오늘 집에서 쉽니다.　② 남자는 지금 너무 아픕니다.
　　　③ 여자는 어제 많이 아팠습니다.　④ 남자는 어제 학교에 안 갔습니다.

◎ 33 ❸ ① 남자는 조금 쉬고 싶습니다.　② 여자는 오늘 먼저 퇴근합니다.
　　　③ 남자는 빨리 집에 가야 합니다.　④ 여자는 내일 병원에 가려고 합니다.

◎ 34 ❹ ① 남자는 오늘 일찍 일어났어요.　② 남자는 오늘 아침을 못 먹었어요.
　　　③ 여자는 아침밥을 자주 못 먹어요.　④ 여자는 아침을 먹어서 배가 아팠어요.

語彙

감기	風邪	비를 맞다	雨にあたる
감기에 걸리다	風邪をひく	상처	傷, 傷跡
갑자기	急に, いきなり, 突然	상처가 낫다	傷が治る
걱정(하다)	心配 (する), 気掛かり (気遣う)	상처가 생기다	傷が出来る
걱정이 되다	心配になる	소화	消化
건강	健康	소화가 안되다	消化が悪い
걸다	掛ける	소화제	消化剤, 消化薬
계속	ずっと, 継続, 続き	식사	食事
기침	咳	심하다	ひどい, 激しい, 厳しい
나오다	出る	안되다	できない, ならない
낫다	(病気や傷などが) 治る	열	熱
넘어지다	倒れる, 転ぶ	열이 나다	熱が出る
노래(를 하다)	歌 (を歌う)	오래	長(ら)く, 久しく
다	すべて, みんな, 皆, 全部	이제	今, ただいま
다치다	傷つく, 怪我する, 痛める	잊다	忘れる, 記憶がなくなる
돈을 벌다	お金を稼ぐ, もうける	장마	長雨, 梅雨
동안	間, うち, 中	전	前, 以前
두통	頭痛	주사	注射
땀	汗	주사를 맞다	注射を打たれる
땀이 나다	汗が出る	지치다	くたびれる, ばてる
-라고 / 이라고	…と, …だと, …だから	지키다	守る, 保つ, 保護する
마중	出迎え, 迎え	참다	こらえる, 我慢する, 忍ぶ
말을 걸다	言葉を掛ける, 話しかける	치과	歯科
맞다	合う, 正しい, 違わない / 迎える / 当たる	치료(하다)	治療 (する), 手当て (する)
못	… (でき) ない	치료를 받다	治療を受ける
무리(하다)	無理 (する)	콧물	鼻水
바로	すぐ, 直ちに, 早速	통증	痛み, 痛む症状
배탈	食当たり, 食もたれ, 腹痛	퇴근(하다)	退勤 (する)
배탈이 나다	腹をこわす, 腹痛を起こす	특히	特に, 特別に
버리다	捨てる, ほうる, 投げ出す	튼튼하다	丈夫だ, 健やかだ
벌다	もうける, 稼ぐ	편찮다	病んでいる, 具合 (調子) が悪い
병	病, 病気, 患い	푹	ぐっすり, たっぷり, ゆっくり
병문안	病気見舞い	피	血, 血液
병에 걸리다	病気になる, 病にかかる	피를 흘리다	血を流す
병이 낫다	病気が治る	흘리다	流す

어휘와 표현 ◆◆◆

어휘와 표현

◎ 35 〈 公共施設を利用する 〉

 경찰서

대사관

소방서

기차역

 동물원

목욕탕

체육관

버스 정류장 / 정거장

 소포를 보내다

편지를 부치다

택배를 받다

짐을 싸다 / 포장하다

 돈을 바꾸다

통장을 만들다

도장을 찍다

현금을 인출하다

◎ 36 〈 日数 〉

하루 (1일)	이틀 (2일)	사흘 (3일)	나흘 (4일)	일주일 (7일)	열흘 (10일)
一日	二日, 両日	三日	四日	七日, 一週間	十日

1개월 (한 달)	2개월 (두 달)	3개월 (세 달)	4개월 (네 달)	6개월, 반 년 (여섯 달)	12개월, 1년 (열두 달)
一ヶ月	二ヶ月	三ヶ月	四ヶ月	六ヶ月, 半年	十二ヶ月, 一年

公共施設で用いられる定形表現

◎ 37

· 무엇을 도와드릴까요?	どういうご用ですか。
· 순서대로 안내해 드리겠습니다.	順番にご案内いたします。
· 205번 손님, 오래 기다리셨습니다.	205番のお客様, 大変お待たせしました。
· 각각 얼마나 걸려요?	それぞれどれくらいかかりますか。
· 이틀에서 사흘 정도 걸려요.	二日から三日ほどかかります。

연습 1 알맞은 것을 연결하세요. 正しいものを選んで結びなさい。

(1) 에서 •　　　• 짐을 •　　　• 만들다

(2) 에서 •　　　• 돈을 •　　　• 부치다

(3) 에서 •　　　• 여권을 •　　　• 기다리다

(4) 에서 •　　　• 동물을 •　　　• 찾다

(5) 에서 •　　　• 버스를 •　　　• 구경하다

연습 2 <보기>와 같이 날짜 세는 법을 연습해 보세요. 例のように日数を完成させなさい。

[보기] 일주일 → 一週間

(1) 열흘 → _____　　(4) 이틀 → _____　　(7) 사흘 → _____

(2) 나흘 → _____　　(5) 세 달 → _____　　(8) 반 년 → _____

(3) 하루 → _____　　(6) 오 개월 → _____　　(9) 열 달 → _____

연습 3 <보기>와 같이 알맞은 것을 쓰세요. 最も適切な表現を書きなさい。

· 뭘 도와드릴까요?　　· 잠시만 기다려 주세요.　　· 이틀에서 사흘 정도 걸려요.
· 오래 기다리셨습니다.　　· 각각 얼마나 걸려요?　　· 순서대로 안내해 드리겠습니다.

[보기] 少々お待ちください。　　→ 잠시만 기다려 주세요.

(1) 長らくお待たせいたしました。　　→ _____

(2) それぞれどれくらいかかりますか。　　→ _____

(3) 二日から三日ほどかかります。　　→ _____

(4) 順番にご案内いたします。　　→ _____

(5) どういうご用ですか。　　→ _____

1 -아서/어서② (〜て, 〜で)

時間の前後関係を表す言い方で, 前の行為があってから後の行為が起こり得る。そのため, 主語は同一のもので, 命令形や勧誘形が使える。動詞の基本形の「-다」を取り除いた後の最後の音節の母音が「-아, -오」の場合は「-아서」, その他の場合は「-어서」を, 「-하다」の場合は「-해서」を付ける。

> 보기1 번호표를 뽑**아서** 잠시만 기다리세요.　　　（番号札を取って少々お待ちください。）
> 보기2 빨리 서류를 만들**어서** 가져오세요.　　　（早く書類を作って持ってきてください。）
> 보기3 한국 음식을 요리**해서** 먹었어요.　　　（韓国料理を作って食べました。）

연습 1 次の表を完成させなさい。

基本形	-아서/어서
짐을 싸다	
택배를 받다	
영화를 보다	

基本形	-아서/어서
도장을 찍다	
돈을 바꾸다	
현금을 인출하다	

연습 2 「-아서/어서」を用いて次の文を完成させなさい。

例)　노래방에 가다 / 노래를 하다　　→　노래방에 가서 노래를 해요.

1) 우표를 붙이다 / 편지를 부치다　　　→ _____

2) 학생증을 가져오다 / 책을 빌리다　　→ _____

3) 경찰서에 가다 / 운전 면허증을 만들다　→ _____

・붙이다 貼る　・학생증 学生証　・면허증 免許証

2 -는데요, -은데요/ㄴ데요 (〜ですが, 〜ですけど, 〜ですね, 〜ますね)

相手の反応を待ったり期待したりする時の言い方。また, 案外な結果についての驚きを表すこともある。動詞の場合, 基本形の「-다」を取り除いた後「-는데요」を付ける。形容詞では, 「-다」を取り除いた後の最後の音節が母音または「ㄹ」の場合は「-ㄴ데요」を, 「ㄹ」以外の子音では「-은데요」を付ける。

> 보기1 김치가 너무 매**운데요**!　　　（キムチがとても辛いんですが。）
> 보기2 지하철역이 집에서 아주 **먼데요**.　　　（地下鉄の駅が家から大変遠いんですが。）
> 보기3 신분증을 잃어버려서 새로 만들려고 하**는데요**.　（身分証を無くしてしまって新しく作ろうと思いますが。）

연습 1 「-는데요, -은데요/ㄴ네요」を用いて次の文を完成させなさい。

例)　숙제가 너무 많다　　→　숙제가 너무 많은데요.

1) 옷이 정말 예쁘다　　　　→ _____

2) 외국 돈을 환전하고 싶다　→ _____

3) 외국인 등록증을 만들어야 하다　→ _____

・환전하다 （お金を）両替する　・외국인 外国人　・등록증 登録証

문형 B

3 -으면/면 (〜と, 〜たら, 〜れば)

主節の動作や状態が後続節に対する条件または仮定を表す。動詞・形容詞の基本形の「-다」を取り除いた後の最後の音節が母音の場合は「-면」を, 子音の場合は「-으면」を付ける。

> 보기1 매운 음식을 먹으면 배가 아파요.   (辛いものを食べるとお腹が痛いです。)
> 보기2 많이 더우면 에어컨을 사용하세요.   (あまりに暑かったらエアコンを使ってください。)
> 보기3 오늘 아니면 내일은 도착할 거예요.   (今日でなければ明日には到着するでしょう。)

연습 1 「-으면/면」を用いて次の文を完成させなさい。

> 例) 내일 비가 오다 / 집에서 쉬다   →   내일 비가 오면 집에서 쉬어요.

1) 책을 읽다 / 잠이 오다   → _____

2) 날씨가 좋다 / 함께 공원에 가다   → _____

3) 모르다 / 선생님께 질문하다   → _____

4) 노래를 듣다 / 춤을 추고 싶다   → _____

- 함께 一緒に, 共に   • 모르다 知らない, 分からない   • 질문하다 質問する

4 -는 + 名詞 (〜する○○)

動詞の名詞修飾連体形として用いられ, 動作が進行することを表し, 現在形をなす。動詞の基本形の「-다」を取り除いた後に「-는」を付けて続く名詞を修飾する。「-는」の代わりに「-ㄴ/은」を付けると過去の意味合い (〜した○○) になる。

> 보기1 표 파는 곳이 어디예요?   (切符売り場はどこですか。)
> 보기2 매일 듣는 음악이 있어요.   (毎日聞く音楽があります。)
> 보기3 아까 마신 음료수가 뭐예요?   (さっき飲んだ飲み物は何ですか。)

연습 1 次の表を完成させなさい。 (＊変則)

基本形	-는 (現在)	-ㄴ/은 (過去)
타다		
닦다		
공부하다		

基本形	-는 (現在)	-ㄴ/은 (過去)
듣다 ＊		
만들다 ＊		
기다리다		

연습 2 「-는」と「-ㄴ/은」を用いてそれぞれの表現を完成させなさい。

> 例) 만나다 + 장소   →   만나는 장소, 만난 장소

1) 사랑하다 + 사람   → _____

2) 함께 걷다 + 길   → _____

3) 같이 놀다 + 친구   → _____

⊙ 38

안내 무엇을 도와드릴까요?

유미 통장을 새로 만들려고 하는데요.

안내 외국인이세요? 혹시 신분증 있으세요?

유미 네, 여권이 있어요.

안내 번호표를 뽑아서 잠시만 기다려 주세요.

　　순서대로 안내해 드리겠습니다.

유미 그런데 제가 외국 돈을 가져왔는데요.

　　먼저 돈을 바꾸고 통장을 만들어야 돼요?

안내 통장을 만드실 때 같이 하실 수 있어요.

유미 아, 네. 감사합니다.

・ 제가 わたくしが

(가)		(나)
여권		운전 면허증
번호표를 뽑다		여기에 앉다
외국 돈을 가져왔다		현금을 찾고 싶다
돈을 바꾸다		돈을 찾다
(다)		(라)
외국인 등록증		
서류를 준비하다		
외국에 돈을 보내고 싶다		
돈을 보내다		

◎ 39

직원   205번 손님, 오래 기다리셨습니다.

마크   이 짐을 외국에 보내려고 하는데요.

직원   비행기로 보내십니까? 아니면 배로 보내십니까?

마크   비행기와 배, 각각 얼마나 걸려요?

직원   짐을 보내시는 곳이 어디입니까?

마크   일본 시코쿠 쪽이에요.

직원   오늘 보내시면 비행기는 사흘, 배는 2주에서 한 달 정도 걸립니다.

마크   그럼 비행기로 보내 주세요.

       그런데 여기서 포장도 할 수 있어요?

직원   네. 저쪽에서 먼저 포장을 하시고 다시 가져오시면 됩니다.

(가)	(나)
짐	소포
짐을 보내시는 곳	소포를 부치시는 곳
일본 시코쿠	미국 시카고
사흘 / 2주~한 달	열흘 / 한 달~두 달
(다)	(라)
선물	
선물을 보내시는 곳	
베트남 하노이	
일주일 / 20일~40일	

❶ 밑줄에 들어갈 알맞은 단어를 <보기>에서 찾아 쓰세요. 最も適切な単語を書きなさい。

> [보기]　대사관　동물원　정류장　미술관　경찰서　도서관　기차역

(1) _____에서 책을 빌려서 읽습니다.

(2) 지갑을 잃어버려서 _____에 갔습니다.

(3) _____에서 버스를 기다립니다.

(4) 제가 그린 그림을 보기 위해서 _____에 왔습니다.

(5) 친구와 _____ 앞에서 만나서 함께 기차를 타고 부산에 갑니다.

❷ 관련 있는 표현을 찾아 연결하세요. 関連する表現を探して結びなさい。

[보기] **매표소**　●　　　　　　　　　　　●　돈 찾는 곳

(1) 체육관　●　　　　　　　　　　　●　소포 부치는 곳

(2) 도서관　●　　　　　　　　　　　●　**표 파는 곳**

(3) 은행　●　　　　　　　　　　　●　책 빌리는 곳

(4) 공항　●　　　　　　　　　　　●　운동하는 곳

(5) 우체국　●　　　　　　　　　　　●　비행기 타는 곳

❸ 일본어에 알맞은 표현을 <보기>에서 찾아 쓰세요. 最も適切な表現を書きなさい。

> [보기]　택배를 받다　　짐을 싸다　　소포를 부치다　　통장을 만들다
> 　　　도장을 찍다　　환전하다　　엽서를 보내다　　번호표를 뽑다

(1) 宅配を受け取る　→　_____

(2) 番号札を取る　→　_____

(3) 両替する　→　_____

(4) 荷物を包む　→　_____

(5) はんこを押す　→　_____

❹ <보기>와 같이 문장을 완성하세요. 例のように文を完成させなさい。

<table>
<tr><td>보기1</td><td>영화관에 가다 / 영화를 보다
(映画館に行く / 映画を見る)</td><td>→ 영화관에 가서 영화를 봐요.</td></tr>
</table>

(1) 병원에 가다 / 치료를 받다 → _____

(2) 일찍 일어나다 / 산책하다 → _____

(3) 선물을 포장하다 / 친구에게 주다 → _____

(4) 편지를 쓰다 / 우체국에서 부치다 → _____

<table>
<tr><td>보기2</td><td>한국말을 아주 잘하시다
(韓国語がとてもお上手だ)</td><td>→ 한국말을 아주 잘하시는데요.</td></tr>
</table>

(5) 지금 돈이 없다 → _____

(6) 시험을 잘 봤다 → _____

(7) 일이 아주 바쁘다 → _____

(8) 경찰서에서 전화가 왔다 → _____

<table>
<tr><td>보기3</td><td>게임을 하다 / 눈이 피곤하다
(ゲームをする / 目が疲れる)</td><td>→ 게임을 하면 눈이 피곤해요.</td></tr>
</table>

(9) 커피를 마시다 / 잠이 안 오다 → _____

(10) 방학이 되다 / 배낭여행을 가다 → _____

(11) 시간이 있다 / 박물관에 가고 싶다 → _____

(12) 다른 약속이 없다 / 같이 밥을 먹다 → _____

<table>
<tr><td>보기4</td><td>택시를 타다 / 곳 (어디?)
(タクシーに乗る / 所, どこ?)</td><td>→ 택시를 타는 곳이 어디예요?</td></tr>
</table>

(13) 어제 읽다 / 책 (무엇?) → _____

(14) 아까 보다 / 드라마 (뭐?) → _____

(15) 도장을 찍다 / 곳 (어디?) → _____

(16) 쓰레기를 버리다 / 곳 (어디?) → _____

❶ 다음 대화를 읽고 물음에 답하세요. 次の会話を読んで問いに答えなさい。

직원	어서 오십시오. 서울항공입니다.
료타	체크인을 하고 싶은데요. 여기 여권과 비행기 티켓이 있어요.
직원	네, 감사합니다. 부치시는 짐은 없으십니까?
료타	하나 있어요. 요금은 얼마예요?
직원	한 개 15킬로그램까지는 무료입니다.
	자리는 어느 쪽이 좋으세요?
료타	앞쪽이 좋은데요.
직원	네, 알겠습니다. 자리는 7C번입니다.
료타	감사합니다.

- 항공 航空
- 체크인 チェックイン
- 티켓 航空券
- 요금 料金
- 킬로그램 キログラム
- 무료 無料
- 자리 席
- 앞쪽 前方席

(1) 여기는 어디입니까?

① 공항 　　　　② 은행 　　　　③ 우체국 　　　　④ 기차역

(2) 위 대화의 내용과 일치하는 것을 고르세요. 上記の会話と一致するものを選びなさい。

① 료타 씨는 오늘 비행기를 탑니다. 　　② 료타 씨는 여권을 잃어버렸습니다.

③ 료타 씨는 부치는 짐이 없습니다. 　　④ 비행기에 부치는 짐은 모두 무료입니다.

❷ 다음 글의 내용과 일치하면 ○, 다르면 X 하세요.
次の文章と内容が一致すれば○, 違っていれば X を付けなさい。

> 저는 어제 시청 앞에서 중학교 때 친구 윤기를 만났습니다.
> 일 년 동안 못 만났는데 오랜만에 만나서 정말 반가웠습니다.
> 우리는 오전부터 만나서 함께 밥을 먹고 커피도 마셨습니다.
> 윤기는 지금 외국에서 음악을 공부합니다.
> 그래서 외국 생활의 재미있는 이야기를 많이 들을 수 있었습니다.
> 다음에 다시 만나면 더 많은 이야기를 나누고 싶습니다.
> - 시청 市庁, 市役所　　· 반갑다 嬉しい　　· 이야기를 나누다 話を交わす

(1) 저는 오랜만에 친구를 만났습니다. 　　　　　　　　　　（　　　）

(2) 저는 중학교 때 친구가 없었습니다. 　　　　　　　　　　（　　　）

(3) 저는 지금 외국에서 음악을 공부합니다. 　　　　　　　　（　　　）

(4) 저는 재미있는 이야기를 많이 해 주었습니다. 　　　　　　（　　　）

❸ **다음을 읽고 물음에 답하세요.** 次の文章を読んで問いに答えなさい。

> 저는 대학교를 졸업하고 외국 회사에 취직했습니다.
>
> 그래서 지금은 외국에 삽니다.
>
> 지금 제가 사는 곳은 1년, 12개월 언제나 날씨가 덥습니다.
>
> 그래서 저는 가끔 한국의 _____.
>
> 특히 예쁜 꽃이 피는 봄과 눈이 내리는 겨울이 많이 그립습니다.
>
> 그런데 오늘 한국에서 소포가 도착했습니다.
>
> 고향의 부모님이 보내 주셨습니다.
>
> 그 안에는 한국의 사계절 그림 달력이 있었습니다.
>
> 저는 한국의 사계절 그림을 보고 고향에 계시는 부모님의 사랑을 다시 한번 느낄 수 있었습니다.
>
> ・언제나 いつでも ・(꽃이) 피다 (花が) 咲く ・달력 カレンダー ・느끼다 感じる, 思う

(1) 밑줄에 들어갈 표현으로 적절한 것을 고르세요. 下線部に入る最も適切なものを選びなさい。

① 사계절이 그립습니다 ② 친구들이 보고 싶습니다

③ 회사에 가고 싶습니다 ④ 친구에게 소포를 보냅니다

(2) 위 글의 내용과 일치하는 것을 고르세요. 上の文章の内容と一致するものを選びなさい。

① 저는 부모님과 함께 살아요.

② 부모님은 자주 그림을 그려요.

③ 제가 사는 곳은 날씨가 많이 추워요.

④ 저는 소포를 받고 다시 한번 부모님의 사랑을 느꼈어요.

❹ **다음을 한국어로 써 보세요.** 次の文を韓国語で書きなさい。

(1) どれくらいかかりますか。 → _____

(2) 四日から十日ほどかかります。 → _____

(3) 両替したいのですが。 → _____

(4) 一日だけ待ってください。 → _____

(5) 切符売り場はどこですか。 → _____

◎ 40 **1** 여기는 어디입니까? 대화를 듣고 알맞은 것을 고르세요.
次の会話を聞いて最も適切な場所を選びなさい。

(1) ① 미술관　　　② 시청　　　③ 서점　　　④ 우체국

(2) ① 공원　　　② 도서관　　　③ 극장　　　④ 기차역

(3) ① 공항　　　② 동물원　　　③ 지하철역　　　④ 택시 타는 곳

(4) ① 은행　　　② 여행사　　　③ 병원　　　④ 박물관

◎ 41 **2** 다음 대화를 듣고 물음에 답하세요. 会話を聞いて問いに答えなさい。

(1) 두 사람은 지금 어디에 있습니까?

　　① 방송국　　　② 체육관　　　③ 미술관　　　④ 대사관

(2) 대화의 내용과 일치하는 것을 고르세요. 会話と内容が一致するものを選びなさい。

　　① 여자는 오늘 집에서 쉽니다.
　　② 남자는 자주 이곳에 옵니다.
　　③ 남자는 그림을 못 그립니다.
　　④ 여자는 그림 보는 것을 좋아합니다.

◎ 42 **3** 다음 안내 방송을 듣고 물음에 답하세요. 次の案内放送を聞いて問いに答えなさい。

(1) 여자는 무엇에 대해 말하고 있습니까? 女の人は何について話していますか。

　　① 공항버스 안내　　　② 환전 방법 안내
　　③ 관광 버스 안내　　　④ 쇼핑 방법 안내

(2) 들은 내용과 일치하는 것을 고르세요. 聞いた内容と一致するものを選びなさい。

　　① 이 버스는 시청에서 출발합니다.
　　② 한국인은 버스 요금이 무료입니다.
　　③ 외국인은 이 버스를 탈 수 없습니다.
　　④ 버스는 한번 내리면 다시 탈 수 없습니다.

語彙

가져오다	持ってくる	신분증	身分証
각각	おのおの, それぞれ	싸다	包む
개월	ヶ月, 個月	아까	さっき, 先ほど
경찰서	警察署	아니다	～ではない (物事の否定に用いる)
곳	所, 場所	앞쪽	前方, 前面
공항	空港	언제나	いつでも, いつも, 常に
기차역	汽車駅, 鉄道駅	열흘	十日, 旬日
나누다	分ける, 交わす	외국인	外国人
나흘	四日, 四日間	요금	料金
느끼다	感ずる, 感じる, 知覚する	음료수	飲料水, 飲み物
달력	カレンダー, こよみ	이야기를 나누다	話を交わす
대사관	大使館	이틀	二日, 両日
도장	印, 印章, はんこ	인출하다	(お金や預金を) 引き出す, 下ろす
돈을 바꾸다	金を換える, 両替する	일주일	一週間
동물원	動物園	자리	席, 座席
등록증	登録証	정거장	停留場
매표소	チケット売り場	정도	程度, くらい, ほど
면허증	免許証	정류장	停留場
모르다	知らない, 分からない	제가	私が, わたくしが (謙譲表現)
목욕탕	風呂 (場), 銭湯, (公衆) 浴場	지하철역	地下鉄の駅
무료	無料, ただ	질문(하다)	質問 (する)
반갑다	嬉しい, 懐かしい, 喜ばしい	짐	荷物, 荷
번	番	찍다	(判子などを) 押す, 突く / (写真を) 撮る
번호	番号	체육관	体育館
번호표	番号カード, 整理券	체크인	チェックイン
베트남	ベトナム	킬로그램	キログラム
부치다	送る, とどける, 出す	터미널	ターミナル
붙이다	付ける, 張る, 貼付する	통장	通帳
뽑다	抜く, 引き抜く, 選ぶ	티켓	チケット, 切符
사용(하다)	使用 (する)	피다	(花が) 咲く, 開く
사흘	三日 (間)	하루	一日
새로	新しく, 新たに, 改めて	학생증	学生証
서류	書類, 文書	함께	一緒に, 共に
소포	小包	항공	航空
순서	順序, 順番, 順, 手順	현금	現金, キャッシュ
순서대로	順に, 順繰りに	환전(하다)	両替 (する)
시청	市庁, 市役所		

한국 드라마를 보고 있었어요.

어휘와 표현 ◆◆◆ ‖‖

◎ 43 〈形容詞〉

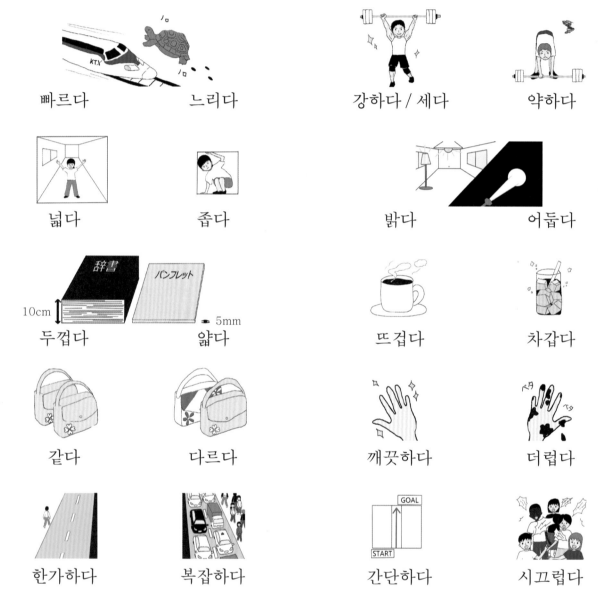

빠르다	느리다		강하다 / 세다	약하다
넓다	좁다		밝다	어둡다
두껍다	얇다		뜨겁다	차갑다
같다	다르다		깨끗하다	더럽다
한가하다	복잡하다		간단하다	시끄럽다

◎ 44 〈副詞〉

멀리	높이	깊이	깨끗이	똑같이	정신없이
遠く，遥か（に）	高く，高さ	深く，深さ	きれいに，清潔に	同じく，等しく	夢中で
간단히	**조용히**	**완전히**	**자세히**	**활발히**	**특별히, 특히**
簡単に	静かに	完全に	詳しく	活発に	特別に，特に

연습 1 〈보기〉와 같이 그림에 맞는 단어를 쓰세요. 例のように適切な単語を書きなさい。

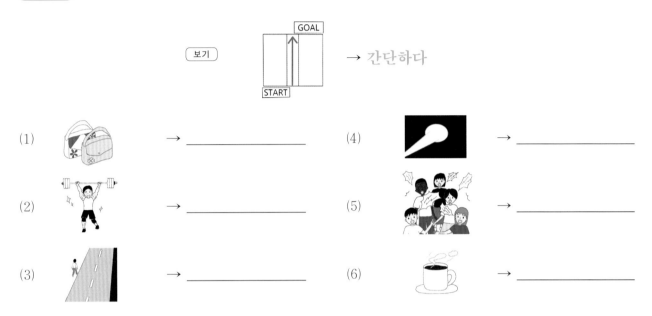

보기 → 간단하다

(1) → _____

(2) → _____

(3) → _____

(4) → _____

(5) → _____

(6) → _____

연습 2 〈보기〉와 같이 반대되는 말을 쓰세요. 例のように反対の言葉を書きなさい。

보기 조용하다 ⟷ 시끄럽다

(1) 얇다 ⟷ _____

(2) 세다 ⟷ _____

(3) 좁다 ⟷ _____

(4) 같다 ⟷ _____

(5) 느리다 ⟷ _____

(6) 뜨겁다 ⟷ _____

(7) 더럽다 ⟷ _____

(8) 어둡다 ⟷ _____

연습 3 〈보기〉에서 알맞은 단어를 찾아 쓰세요. 例の中から適切なものを選んで書きなさい。

보기　깊이　완전히　깨끗이　정신없이　활발히　높이
　　　멀리　똑같이　간단히　자세히　조용히　특별히

(1) 簡単に → _____

(2) 同じく → _____

(3) 詳しく → _____

(4) 深く → _____

(5) 特別に → _____

(6) 活発に → _____

(7) 遠く → _____

(8) 静かに → _____

(9) 夢中で → _____

(10) きれいに → _____

語彙と表現

63

문형 A

1 -게 (〜く, 〜に)

後に続く行為や状態に対する目的や方式, 基準, 程度, 考えなどを表す時に使う。文中では副詞の機能をする。
形容詞の基本形の「-다」を取り除いた後に「-게」を付ける。

보기1	왜 이렇게 전화를 늦게 받았어요?	（どうしてこんなに電話に出るのが遅かったんですか。）
보기2	도서관에서 시끄럽게 떠들지 마세요.	（図書館でうるさく騒がないで下さい。）
보기3	주말은 그냥 한가하게 보내고 싶어요.	（週末はただのんびり過ごしたいです。）

연습 1 次の表を完成させなさい。

基本形	-게	基本形	-게	基本形	-게
세다		예쁘다		뜨겁다	
밝다		빠르다		깨끗하다	
쉽다		어둡다		복잡하다	

연습 2 「-게」を用いて次の文を完成させなさい。

| 例) | 싸다 / 하다 | → | 싸게 해 주세요. |

1) 크다 / 이름을 적다 　　　　　　　→ _____

2) 맛있다 / 음식을 만들다 　　　　　→ _____

3) 약속 시간에 맞다 / 집에서 출발하다 → _____

　　・(이름을) 적다 （名前を) 書く　　・시간에 맞다 時間に間に合う

2 -고 있다 (〜(し)ている)

ある動作が進行していることを表す時や, ある行為が終わった結果が現在まで続いている状態を表す時に用いる。動詞の基本形の「-다」を取り除いた後に「-고 있다」を付ける。過去の出来事を述べる際は「-고 있었다」になる。動作の完了状態を表す過去形「-았/었어요」と同じ意味で使うこともある。

보기1	아이가 혼자 길을 건너가고 있어요.	（子どもが1人で道を渡っています。）
보기2	형이 빵집에서 친구를 기다리고 있어요.	（兄がパン屋で友達を待っています。）
보기3	그 남자는 빨간색 모자를 쓰고 있었어요.	（その男は赤い帽子を被っていました。）

연습 1 「-고 있었다」を用いて次の文を完成させなさい。

| 例) | 노래방에서 노래를 부르다 | → | 노래방에서 노래를 부르고 있었어요. |

1) 전화가 왔을 때 샤워를 하다 　　→ _____

2) 지하철역 안에서 출구를 찾다 　→ _____

3) 고속 열차가 빠르게 지나가다 　→ _____

　　・샤워를 하다 シャワーを浴びる　　・출구 出口　　・고속 高速　　・열차 列車　　・지나가다 通り過ぎる, 通過する

문형 B

3 −보다 (〜より)

名詞に「보다」を付けるとその名詞が比較の対象や基準になる。強調の意味で「−도」を加えることもある。

> 보기1 생각보다 길이 많이 막혔어요. （思ったより道が大変混んでました。）
> 보기2 평소보다 오늘이 훨씬 더 더워요. （普段より今日の方がさらにもっと暑いです。）
> 보기3 누나보다도 형이 요리를 더 잘해요. （姉よりも兄の方がもっと料理が上手です。）

연습1 「−보다」を用いて次の文を完成させなさい。

> 例) 추운 겨울 / 더운 여름을 좋아하다 → 추운 겨울보다 더운 여름을 좋아해요.

1) 고기 / 야채를 더 많이 먹다 → _____

2) 예상 / 시간이 훨씬 많이 걸렸다 → _____

3) 뜨거운 커피 / 아이스커피를 더 자주 마시다 → _____

　・야채 野菜　　・예상 予想　　・아이스커피 アイスコーヒー

4 −으니까/니까 (〜ので, 〜から, 〜と, 〜たら)

後に来る内容の理由や根拠を表す時に用いる。その際「−（으）세요」と一緒に使うことが多い。また, ある行為をした結果として, ある事実を知ったという意味合いでも使える。動詞と形容詞の基本形の「−다」を取り除いた後の最後の音節がパッチムで終わる場合は「−으니까」を, 母音で終わる場合は「−니까」を付ける。名詞の後に付ける場合は「−（이）니까」になる。

> 보기1 중요한 얘기가 있으니까 일찍 오세요. （重要な話があるので早めに来て下さい。）
> 보기2 슈퍼마켓에서 주스를 하나 사니까 하나를 더 주었습니다. （スーパーでジュースを1つ買ったらもう1つもらえました。）
> 보기3 곧 시험이니까 열심히 공부하세요. （まもなく試験なので一生懸命勉強して下さい。）

연습1 次の表を完成させなさい。 （＊変則）

基本形	−으니까/니까	基本形	−으니까/니까	基本形	−으니까/니까
하다		많다		걷다 ＊	
먹다		예쁘다		춥다 ＊	
입다		재미없다		멀다 ＊	

연습2 「−으니까/니까」を用いて次の文を完成させなさい。

> 例) 날씨가 너무 덥다 / 무리하지 말다 → 날씨가 너무 더우니까 무리하지 마세요.

1) 시내를 구경하고 싶다 / 천천히 오다 → _____

2) 아기가 낮잠을 자다 / 조용히 들어오다 → _____

3) 언제나 잘 잊어버리다 / 꼭 메모를 하다 → _____

　・시내 市内　　・천천히 ゆっくり　　・들어오다 入る　　・잊어버리다 忘れる

45

마크   여보세요? 유미 씨? 저 마크예요.

유미   네, 안녕하세요? 마크 씨.

마크   늦은 시간에 전화해서 미안해요.

　　　그런데 왜 이렇게 전화를 늦게 받아요?

유미   아, 미안해요. 드라마를 보고 있었어요.

　　　그래서 전화 소리를 못 들었어요.

　　　그런데 무슨 일 있어요?

마크   사실은 제가 내일 약속 장소를 적은 메모를 잃어버렸어요.

유미   아～, 네. 내일 약속 장소는 강남역 1번 출구 앞 빵집이에요.

　　　그럼 잘 자요.

• 여보세요 もしもし　• 사실(은) 実(は)

(가)	(나)
늦은 시간에	갑자기
드라마를 보다	샤워를 하다
내일 약속 장소	내일 약속 시간
강남역 1번 출구 앞 빵집	오후 2시
(다)	(라)
밤 늦게	
음악을 듣다	
선생님 전화번호	
010-2345-6789번 (공일공 - 이삼사오 - 육칠팔구)	

◎ 46

마크　유미 씨, 너무 늦어서 정말 미안해요.

유미　아, 마크 씨, 무슨 일 있었어요?

　　　연락이 없어서 많이 걱정했어요.

마크　생각보다 길이 많이 막혀서 늦었어요.

유미　여기까지 버스로 왔어요?

마크　네. 시내 구경을 하고 싶어서 버스를 탔어요.

유미　그럼 전화는 왜 안 받았어요?

마크　잊어버리고 집에서 안 가져왔어요.

유미　서울은 항상 도로가 복잡하니까 약속이 있을 때는 지하철을 타세요.

　　　그리고 집에서 출발하기 전에 핸드폰도 꼭 확인하세요.

마크　네, 알겠어요. 다음에는 늦지 않게 올게요.

(가)	(나)
생각	평소
시내 구경을 하고 싶다	정류장이 가깝다
항상 도로가 복잡하다	주말에도 차가 많다
늦지 않다	안 늦다
(다)	(라)
예상	
지하철역이 멀다	
언제나 길이 많이 막히다	
시간에 맞다	

❶ <보기>와 같이 문장을 완성하세요. 例のように文を完成させなさい。

보기 → 도로에 차가 너무 많아서 길이 많이 **복잡해요**.

(1) → _____ 아이스커피를 마시고 싶어요.

(2) → 여기는 너무 _____. 그래서 답답해요.

(3) → 손이 너무 _____. 빨리 씻고 올게요.

(4) → 이 사전은 너무 _____ 무거워요. 팔도 많이 아파요.

(5) → 우리 오빠는 몸이 너무 _____. 더 열심히 운동을 해야 돼요.

❷ 알맞은 표현을 <보기>에서 찾아 문장을 완성하세요. 最も適切な言葉を書きなさい。

보기	쉽게	깊이	늦게	특히	멀리
	깨끗이	천천히	똑같이	완전히	정신없이

(1) 친한 친구가 _____ 이사를 갔어요. 그래서 너무 외로워요.

(2) 왜 이렇게 수업에 _____ 왔어요? 선생님께서 화가 많이 나셨어요.

(3) 너무 바빠서 여자 친구와의 데이트를 _____ 잊어버리고 있었어요.

(4) 어제 다리를 다쳐서 빨리 못 걸어요. 조금만 더 _____ 가 주세요.

(5) 이번 시험은 여러분한테 정말 중요해요. _____ 더 열심히 공부하세요.

(6) 태형 씨, 방이 너무 더러워요. 조금 더 _____ 청소를 해 주세요.

❸ <보기>와 같이 문장을 완성하세요. 例のように文を完成させなさい。

[보기1]　짧다 / 머리를 자르다 [-고 싶다]　→　짧게 머리를 자르고 싶어요.
　　　　　(短い / 髪を切る)

(1) 쉽다 / 말하다 [-지 말다]　→　_____

(2) 깨끗하다 / 방을 정리하다 [-(으)세요]　→　_____

(3) 예쁘다 / 선물을 포장하다 [-아/어요]　→　_____

(4) 귀엽다 / 사진을 찍다 [-고 싶다]　→　_____

[보기2]　혼자서 드라마를 보다　→　혼자서 드라마를 보고 있었어요.
　　　　　(一人でドラマを見る)

(5) 어제 집에서 뭐 하다(?)　→　_____

(6) 학교 식당에서 점심을 먹다　→　_____

(7) 그 여자는 흰색 안경을 쓰다　→　_____

(8) 전화로 친구하고 이야기하다　→　_____

[보기3]　차가운 음료 / 따뜻한 음료 (좋아하다)　(冷たい飲み物 / 暖かい飲み物)
　　　　　→　차가운 음료보다 따뜻한 음료를 좋아해요.

(9) 밥 / 빵 (더 자주 먹다)　→　_____

(10) 긴 머리 / 짧은 머리 (더 좋다)　→　_____

(11) 고속 열차 / 고속버스 (더 느리다)　→　_____

(12) 언니 / 여동생 (훨씬 더 키가 크다)　→　_____

[보기4]　지금 바쁘다 / 나중에 얘기하다　→　지금 바쁘니까 나중에 얘기해요.
　　　　　(今忙しい / 後で話す)

(13) 방이 더럽다 / 깨끗이 청소하다　→　_____

(14) 배가 고프다 / 먼저 밥부터 먹다　→　_____

(15) 새로 산 구두를 신다 / 발이 아프다　→　_____

(16) 내일부터 연휴다 / 푹 쉬려고 하다　→　_____

❶ 다음 대화를 읽고 물음에 답하세요. 次の会話を読んで問いに答えなさい。

미나	여보세요? 료타 씨, 지금 어디예요? 오늘 모임에 왜 안 왔어요?
료타	아, 미나 씨. 저는 지금 회사에 있어요. 무슨 일 있어요?
미나	네? 아직 회사에 있어요? 오늘 동아리 모임 있는 거, 잊어버렸어요?
료타	네? 오늘이에요? 요즘 일이 너무 바빠서 완전히 잊고 있었어요.
미나	일이 그렇게 많이 바빠요? 밥은 잘 먹고 다녀요?
료타	아니요. 피곤해서 아침에도 잘 못 일어나요.
	매일 늦게 일어나니까 아침밥도 거의 못 먹고 회사에 가요.
미나	료타 씨, 너무 무리하지 마세요.
	무엇보다도 건강이 제일 중요해요.
	그런데 지금 모임에 올 수 있어요?
료타	걱정해 줘서 고마워요, 미나 씨.
	그런데 일이 아직 안 끝나서 지금은 못 가요.
미나	네~. 그럼 다음에 만나요.

- 모임 集まり, 集会, 会合 ・ 거 ～こと, もの (「것」の口語体) ・ 그렇게 そんなに
- 거의 ほとんど ・ 제일 第一 ・ 끝나다 終わる, 済む

(1) 료타 씨는 왜 모임에 안 갔습니까?

① 너무 피곤해서 ② 약속을 잊어버려서

③ 늦게 일어나서 ④ 길이 많이 막혀서

(2) 위 대화의 내용과 일치하는 것을 고르세요. 上記の会話と一致するものを選びなさい。

① 료타 씨는 오늘도 회사에 늦었습니다.

② 료타 씨는 매일 아침 밥을 안 먹습니다.

③ 미나 씨는 오늘 료타 씨와 모임에 갔습니다.

④ 미나 씨는 료타 씨 건강을 걱정하고 있습니다.

(3) 료타 씨는 오늘 무슨 모임이 있었어요?

_____

(4) 「건강보다 더 중요한 것은 없어요.」と同じ意味の文を上の会話から抜き取って書きなさい。

_____

❷ 다음 마크의 글을 읽고 물음에 답하세요. 次のマークの文章を読んで問いに答えなさい。

오늘 낮에는 명동에서 고등학교 때 친구들과의 모임이 있었습니다.

그런데 저는 모임 장소와 시간을 적은 메모를 그만 잃어버렸습니다.

그래서 어제 저녁에 유미 씨에게 먼저 메시지를 보냈습니다.

그렇지만 한 시간 후에도 유미 씨한테서는 대답이 없었습니다.

할 수 없이 저녁 늦게 유미 씨에게 전화를 했습니다.

하지만 유미 씨는 전화를 받지 않았습니다.

유미 씨가 전화를 받지 않고 답장도 없어서 조금 걱정이 되었습니다.

그래서 5분 후에 다시 전화를 했습니다.

이번에는 유미 씨가 바로 전화를 받았습니다.

유미 씨는 드라마를 보고 있어서 제 전화 소리를 듣지 못했습니다.

유미 씨가 친절하게 약속 장소와 시간을 알려 주었습니다.

저는 유미 씨한테 너무 늦게 전화를 해서 아주 미안했습니다.

- 그만 つい, 思わず, うっかり
- 그렇지만 しかし, でも
- –한테서 (誰々)から, より
- 대답 返事, 返答
- 할 수 없이 仕方なく
- 전화를 받다 電話に出る
- 답장 返事, 返信
- 알리다 知らせる
- 미안하다 済まない, 申し訳ない

(1) 위 글의 내용과 일치하면 ○, 다르면 X 하세요.
   上の文章の内容と一致すれば ○, 違っていれば X を付けなさい。

① 마크 씨는 어제 저녁에 고등학교 때 친구들을 만났습니다. ( )

② 마크 씨와 유미 씨는 내일 모임에서 친구들을 만납니다. ( )

③ 메시지를 보내고 5분 후에 유미 씨한테서 답장이 왔습니다. ( )

④ 마크 씨는 어제 저녁 늦게까지 한국 드라마를 봤습니다. ( )

⑤ 마크 씨는 늦은 시간에 전화를 해서 많이 미안했습니다. ( )

(2) 위 글에 맞게 다음의 대화를 완성하세요. 上の文章の内容に合わせて次の会話を完成しない。

마크   유미 씨, 왜 이렇게 전화를 늦게 받아요?

유미   미안해요, 마크 씨. _____.

      그래서 _____. 그런데 무슨 일이 있어요?

마크   제가 내일 모임 장소와 시간을 _____.

유미   아, 네~. 내일 만나는 _____는 강남역 1번 출구 앞 빵집이에요.

      _____은 한 시예요. 내일은 주말이니까 평소보다 차가 많이 막힐 거예요.

      늦지 않게 오세요.

47 ❶ **두 사람은 무엇에 대해 말하고 있습니까?** 二人は何について話していますか。

① 메모　　　　② 지하철역　　　　③ 약속 시간　　　　④ 약속 장소

48 ❷ **남자는 이번 주말에 무엇을 할 거예요?**

① 영화를 볼 거예요.　　　　② 일을 할 거예요.

③ 집에서 쉴 거예요.　　　　④ 계속 피곤할 거예요.

49 ❸ **여자는 왜 슬픕니까?**

① 친구 마음이 아파서　　　　② 친구를 다시 만날 수 없어서

③ 친구를 안 만나고 싶어서　　　　④ 친한 친구가 멀리 이사를 가서

50 ❹ **다음 대화를 듣고 대화의 내용과 일치하는 것을 고르세요.**

次の会話を聞いて，内容と一致するものを選びなさい。

① 남자는 김 선생님과 자주 연락합니다.

② 남자는 집에서 샤워를 하고 있었습니다.

③ 남자는 김 선생님 전화번호를 모릅니다.

④ 남자는 평소에도 전화를 잘 안 받습니다.

51 ❺ **다음 대화를 듣고 물음에 답하세요.** 次の会話を聞いて問いに答えなさい。

(1) **남자는 약속 장소에 어떻게 왔습니까?**

① 차로　　　　② 자전거로　　　　③ 지하철로　　　　④ 걸어서

(2) **대화의 내용과 일치하는 것을 고르세요.** 会話の内容と一致するものを選びなさい。

① 여자는 남자를 많이 기다렸습니다.

② 여자는 오늘 버스를 타고 왔습니다.

③ 서울은 주말에만 도로에 차가 많습니다.

④ 오늘은 평소보다 도로에 차가 없었습니다.

語彙

간단하다	簡単だ，やさしい，容易い	세다	(力・勢いが) 強い
간단히	簡単に，容易く，手短に	슈퍼마켓	スーパーマーケット，スーパー
강하다	強い	시간에 맞다	時間に間に合う
같다	同じだ，等しい	시끄럽다	うるさい，騒騒しい，騒がしい
거 (것)	もの，こと ＊「것」の略語	시내	市内
거의	ほとんど，ほぼ	아이스커피	アイスコーヒー
건너가다	渡って行く，渡る，横切る	알리다	知らせる，知らす
고속	高速	야채	野菜，青物
곧	すぐ (に)，直ちに，まもなく	약하다	弱い，もろい
그렇게	そのように，それほど，さほど	얇다	薄い，暑くない
그렇지만	そうではあるが，しかし，でも	얘기하다	話す ＊「이야기하다」の略語
그만	つい，うっかり，思わず	어둡다	暗い，明るくない
깊이	深く「副詞」／ 深さ，深み「名詞」	열차	列車
깨끗이	きれいに，清潔に，きちんと	예상	予想
깨끗하다	きれいだ，清い，きちんとしている	완전히	完全に，全く，すっかり
끝나다	終わる，済む	음료	飲料，飲み物
넓다	広い，面積が大きい	잊어버리다	全部忘れる，すっかり忘れてしまう
높이	高く「副詞」／ 高さ，高度「名詞」	자르다	切る
느리다	遅い，鈍い，緩い	자세히	詳しく，細かく
다르다	異なる，違う	적다	書く，(書き) 記す，記録する
답장	返事，返信，返礼，返書	전화를 받다	電話に出る，電話を受ける
대답	返事，返答	정신없이	夢中で，我を忘れて，無我夢中で
더럽다	汚い，不潔だ	제일	第一，一番 (に)，もっとも
두껍다	厚い，分厚い	조용히	静かに，もの静かに，ひっそり
들어오다	入る，入ってくる	좁다	狭い，広くない
떠들다	騒ぐ，騒騒しくする	중요하다	重要だ，大切だ，肝心だ
똑같이	同じく，一様に，等しく	지나가다	通り過ぎる，通過する
멀리	遠く，遥か (に)	차갑다	冷たい
모임	集まり，集い，集会，会合	천천히	ゆっくり (と)，ゆるゆる (と)，徐々に
미안하다	済まない，申し訳ない	출구	出口，出所
밝다	明るい	특별히	特別に，わざわざ
-보다	～より	평소	平素，普段，平常
복잡하다	複雑だ，込む	한가하다	忙しくない，暇がある，閑散としている
빠르다	速い，早い	-한테서	(誰々)から，より
빵집	パン屋	할 수 없이	仕方なく，やむをえず
사실	事実，実際に，まったく，本当に	혼자서	1人で，独りで
생각	思い，考え，思考，意見	활발히	活発に
샤워(를 하다)	シャワー (を浴びる)	훨씬	はるかに，ずっと，大分，ぐっと

전에 주문하신 적이 있으세요?

어휘와 표현 ◆◆◆

🔊 52 〈 요리 방법 〉

 채소를 볶다

 양념을 넣다

 생선을 굽다

 튀김을 기름에 튀기다

 계란을 삶다

 오이를 썰다

 사과를 깎다

 반찬을 그릇에 담다

🔊 53 〈 음식점 〉

 김치볶음밥 떡볶이 분식집

 짜장면 짬뽕 중국집

 한식집

 일식집

 양식집

🔊 54 〈 음식 주문하기 〉

 주문하다 / 시키다 ⟷ 주문을 받다

 배달을 시키다

 배달하다

 배달이 되다

 모두 팔리다 품절이다

 계산하다

 영수증을 받다

🔊 55 〈 数量表現 〉

양념치킨 반 마리	짜장면 두 그릇	김치볶음밥 3인분	피자 네 판
ヤンニョムチキン1/2サイズ	チャジャン麺2皿	キムチ炒飯3人前	ピザ4枚
양복 한 벌	**양말 다섯 켤레**	**햄버거와 음료 세트**	**밀가루 세 봉지**
スーツ1着	靴下5足	ハンバーガーと飲み物のセット	小麦粉3袋

연습 1 <보기>와 같이 그림에 맞는 단어를 쓰세요. 例のように適切な単語を書きなさい。

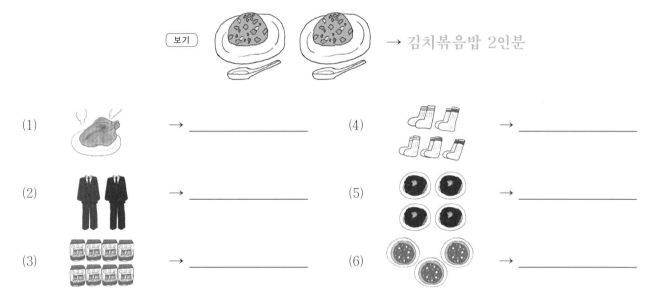

보기 → 김치볶음밥 2인분

(1) → _____

(2) → _____

(3) → _____

(4) → _____

(5) → _____

(6) → _____

연습 2 ○□△로 표시한 것과 관련 있는 표현을 찾아 같은 기호로 표시하세요.
同じ意味合いで使える言葉同士を○□△の記号で囲みなさい。

주문하다　　　　영수증을 받다　　　배달을 시키다　　　배달하다

계산하다　　　　주문을 받다　　　　품절이다　　　　　돈을 주다

물건을 받다　　　모두 팔리다　　　　배달이 되다　　　시키다

연습 3 <보기>에서 알맞은 것을 찾아 쓰세요. 例の中から適切なものを選んで書きなさい。

보기
① 그릇에 담다　② 고기를 굽다　③ 양념을 넣다　④ 계란을 삶다
⑤ 야채를 볶다　⑥ 당근를 썰다　⑦ 사과를 깎다　⑧ 기름에 튀기다

例)

(가)

(나)

(다)

① 그릇에 담다　　_____　　_____　　_____

(라)

(마)

(바)

(사)

_____　　_____　　_____　　_____

1 -지요? (〜ですよね, 〜でしょう)

聞き手にある事実について確認したり同意を求めたりする時に用いる。動詞と形容詞の基本形の「-다」を取り除いた後に「-지요?」を付ける。名詞の場合, パッチムで終わる音節の後に「-이지요?」を付ける。会話では「-지요?」を「-죠?」と縮約して言うことがある。平叙文「-지요. (〜です, 〜ですよ)」としても使う。

> 보기1 거기 치킨집이지요? （そちらはチキン屋ですよね。）
> 보기2 그때 날씨가 정말 더웠지요? （あの時, とても暑かったですよね。）
> 보기3 호섭 씨가 춤을 정말 잘 추죠? （ホソプさんはとても踊りが上手ですよね。）

연습 1 「-지요?」を用いて次の文を完成させなさい。

> 例) 생각보다 안 맵다 → 생각보다 안 맵지요? / 생각보다 안 맵죠?

1) 감자튀김이 많이 짜다 → _____

2) 상품권으로 계산할 수 있다 → _____

3) 프라이드치킨 반 마리도 배달되다 → _____

　　• 감자튀김 フライドポテト　　• 상품권 商品券　　• 프라이드치킨 フライドチキン

2 -은/ㄴ 적이 있다 (〜したことがある)

過去に経験したことについて話す時に用いる。動詞の基本形の「-다」を除いた後の最後の音節にパッチムがある場合は「-은 적이 있다」を, パッチムがない場合は「-ㄴ 적이 있다」を付ける。過去に経験したことがない時は「-은/ㄴ 적이 없다」になる。

> 보기1 이용하신 적이 있으세요? （ご利用されたことはございますか。）
> 보기2 전에 한번 읽은 적이 있어요. （前に一度読んだことがあります。）
> 보기3 그 방송 프로그램을 본 적이 없어요. （その放送番組を見たことがありません。）

연습 1 次の表を完成させなさい。 （＊変則）

基本形	-은/ㄴ 적이 있다	基本形	-은/ㄴ 적이 있다	基本形	-은/ㄴ 적이 있다
가다		받다		듣다 ＊	
보다		적다		돕다 ＊	
배우다		만나다		만들다 ＊	

연습 2 「-은/ㄴ 적이 있다 / 〜 없다」を用いて次の文を完成させなさい。

> 例) 배달을 시키다 → 배달을 시킨 적이 있어요. / 〜시킨 적이 없어요.

1) 감자를 썰다 → _____

2) 한국에서 한식을 먹다 → _____

3) 온라인에서 호텔 방을 예약하다 → _____

　　• 감자 じゃがいも　　• 온라인 オンライン　　• 예약하다 予約する

문형 B

3 -으로/로 (~で, ~へ, ~に, ~として)

手段を表す用途のほか, 方向・ある出来事の原因や理由・人の資格や身分・行動の様態や変化の結果を表す時にも用いられる。直前に来る言葉の最後の音節が「ㄹ」以外のパッチムで終わる場合は「-으로」を, パッチム「ㄹ」または母音で終わる場合は「-로」を付ける。

> 보기1 요즘 회사 일로 많이 바빴어요. （この頃会社の仕事でとても忙しかったです。）
> 보기2 다른 물건으로 바꾸고 싶은데요. （他の品物に変えたいのですが。）
> 보기3 저는 운전사로 새로 취직했어요. （私は運転手として新しく就職しました。）

연습 1 「-으로/로」を用いて次の文を完成させなさい。

例) 식사 / 샌드위치를 먹다 [-아/어요] → 식사로 샌드위치를 먹어요.

1) 현금 / 환불해 주다 [-(으)세요] → _____

2) 내년에 독일 / 떠나려고 하다 [-아/어요] → _____

3) 파티 날짜는 언제 / 하다 [-지요?] → _____

- 샌드위치 サンドイッチ - 환불하다 払い戻す - 날짜 日, 日付

4 -을까/ㄹ까 하다 (~しようと思う)

話し手の現時点での意図や漠然とした計画, 未確定の予定を述べる時に用いる。動詞の基本形の「-다」を除いた後の最後の音節にパッチムがある場合は「-을까 하다」を, パッチムがない場合は「-ㄹ까 하다」を付ける。

> 보기1 다른 색으로 교환할까 해요. （他の色に交換しようかと思います。）
> 보기2 너무 힘들어서 잠시 쉴까 해요. （とても大変なのでしばらく休もうと思います。）
> 보기3 입이 심심해서 초콜릿을 먹을까 해요. （口寂しくてチョコレートを食べようと思います。）

연습 1 次の表を完成させなさい。（＊変則）

基本形	-을까/ㄹ까 하다	基本形	-을까/ㄹ까 하다	基本形	-을까/ㄹ까 하다
자다		씻다		찾다	
주다		받다		살다 ＊	
자르다		이사하다		묻다 ＊	

연습 2 「-을까/ㄹ까 하다」を用いて次の文を完成させなさい。

例) 점심 값은 카드로 계산하다 → 점심 값은 카드로 계산할까 해요.

1) 감기에 걸려서 약을 먹다 → _____

2) 시험이 끝나면 친구들과 놀다 → _____

3) 인터넷 사이트에서 화장품을 사다 → _____

- 사이트 サイト - 화장품 化粧品

🔊 56

유　　미　여보세요? 거기 꼬꼬 치킨이지요?

　　　　　지금 주문 되지요?

가게 주인　네, 괜찮습니다. 뭘 드릴까요?

유　　미　허니버터 치킨 한 마리 배달해 주세요.

가게 주인　죄송합니다. 허니버터 치킨은 모두 팔리고 없는데요.

유　　미　아…, 그래요? 그럼 양념치킨 반하고 프라이드치킨 반 주세요.

가게 주인　네, 알겠습니다.

　　　　　혹시 전에도 주문하신 적이 있으세요?

유　　미　아니요. 오늘이 처음이에요.

가게 주인　그럼 손님의 성함과 주소, 연락처를 말씀해 주세요.

- 주인　(店の)オーナー, 主人　　• 연락처　連絡先

(가)
꼬꼬 치킨
허니버터 치킨 / 한 마리
양념치킨 반하고 프라이드치킨 반
주문하다

(나)
맛있는 피자
마르게리타 피자 / 한 판하고 콜라 한 병
불고기 프리미엄 피자 한 판
이용하다

(다)
니하오 중국집
짜장면 짬뽕 세트 / 한 개만
짜장면 볶음밥 세트 하나
배달을 시키다

(라)

顧客センター

🔘 57

종업원 안녕하십니까? 서울백화점 고객 센터입니다.

무엇을 도와드릴까요?

마 크 아, 네, **지난주에 인터넷에서 주문한 물건 때문에** 전화했는데요.

종업원 네~. 그럼 먼저 고객님의 주문 번호를 말씀해 주세요.

마 크 제 주문 번호는 5386이에요.

종업원 네, 확인되었습니다. 계속해서 성함과 연락처도 말씀해 주세요.

마 크 성은 스미스, 이름은 마크예요.

핸드폰 번호는 010-2345-6789예요.

종업원 네, 감사합니다. 주문하신 내용이 확인되었습니다.

10월 24일에 양복 한 벌을 주문하셨네요.

마 크 네. 그런데 **색깔이 별로 마음에 안 들어서요.**

다른 색으로 교환할까 해서 전화했어요.

- 종업원 従業員
- 고객(님) 顧客 (様)
- 때문(에) ため (の), ゆえ (の)
- 확인되다 確認される
- 계속해서 続いて
- 성 姓, 氏

(가)
지난주에 인터넷에서 주문하다
10월 24일에 양복 한 벌을 주문하다
색깔이 별로 마음에 안 들다
다른 색으로 교환하다

(나)
온라인으로 예약하다
어제 화장품 두 세트를 예약하다
다른 사이트보다 더 비싸다
이번에는 현금으로 환불하다

(다)
토요일 TV 방송 프로그램을 보고 사다
방송 후에 구두 한 켤레를 주문하다
구두를 신어 봤는데 좀 작다
큰 사이즈로 바꾸다

(라)

❶ <보기>와 같이 알맞은 표현을 찾아 연결하세요. 例のように適切な言葉を選びなさい。

[보기] 감자를	●	●	넣다
		●	삶다
(1) 튀김을	●	●	그릇에 담다
(2) 반찬을	●	●	굽다
(3) 양념을	●	●	썰다
(4) 생선을	●	●	기름에 튀기다
(5) 토마토를	●		

❷ 알맞은 표현을 <보기>에서 찾아 문장을 완성하세요. 例の中から適切なものを選びなさい。

[보기]	분식집	영수증	일식집	예약	화장품
	품절	중국집	음식	양식집	배달

(1) _____에서 떡볶이와 냉면을 먹어요.

(2) 계산한 후에 _____을 꼭 받으세요.

(3) 김치볶음밥 1인분도 _____이 돼요?

(4) 인터넷 사이트에서 호텔 방 두 개를 _____했어요.

(5) 다음 주에 _____ 축제가 있어요. 같이 한국 요리를 먹으러 갈래요?

(6) 어제 산 _____은 인기가 많아서 바로 _____이 되었어요.

❸ 알맞은 표현을 <보기>에서 찾아 문장을 완성하세요. 例の中から適切なものを選びなさい。

[보기]	한 판	두 마리	세 벌	네 봉지	열 켤레	다섯 그릇

(1) 치킨 _____만 배달해 주세요.

(2) 밀가루 _____을/를 살 거예요.

(3) 온라인으로 양말 _____을/를 주문했어요.

(4) 혼자서 피자 _____을/를 모두 먹을 수 있어요?

(5) 아버지께 생신 선물로 양복 _____을/를 사 드렸어요.

❹ <보기>와 같이 문장을 완성하세요. 例のように文を完成させなさい。

[보기1]   저기가 새로 생긴 빵집이다   → 저기가 새로 생긴 빵집**이지요**?
(あそこが新しく出来たパン屋である)

(1) 영화가 별로 재미없었다   → _____

(2) 저 중국집 요리는 너무 달다   → _____

(3) 이번에 새로 생긴 일식집이다   → _____

(4) 어린 아이가 노래를 아주 잘하다   → _____

[보기2]   배를 깎다   → 배를 깎은 적이 있어요?
(梨を剥く)

(5) 한국 소설을 읽다   → _____

(6) 손으로 음식을 먹다   → _____

(7) K-POP 콘서트에 가 보다   → _____

(8) 하루에 물건이 모두 팔리다   → _____

[보기3]   다른 것 / 교환하다 [-고 싶다] → 다른 것으로 교환하고 싶어요.
(他のもの / 交換する)

(9) 이쪽 / 오다 [-(으)세요]   → _____

(10) 프랑스 / 여행을 가다 [-고 싶다] → _____

(11) 저녁 / 냉면을 먹다 [-을/ㄹ까요?] → _____

(12) 아나운서 / 취직하다 [-았/었어요] → _____

[보기4]   먼 곳으로 여행을 떠나다   → 먼 곳으로 여행을 떠날까 해요.
(遠い所へ旅立つ)

(13) 메일로 사진을 보내다   → _____

(14) 점심으로 짬뽕을 먹다   → _____

(15) 축제 때 한국 요리를 만들다   → _____

(16) 오랜만에 가족과 식사를 하다   → _____

❶ 다음의 대화를 읽고 물음에 답하세요. 次の会話文を読んで問いに答えなさい。

종업원 어서 오세요. 뭘 주문하시겠습니까?

손 님 우유 식빵 하나하고 초콜릿 도넛 세 개만 주세요.

종업원 음료도 필요하십니까?

손 님 네. 홍차 한 잔 주세요.

종업원 홍차는 차가운 걸로 드릴까요? 따뜻한 걸로 드릴까요?

손 님 차가운 걸로, 얼음을 많이 넣어 주세요.

종업원 네, 알겠습니다.

　　　　우유 식빵 한 개, 초콜릿 도넛 세 개, 차가운 홍차 한 잔 맞으시죠?

　　　　주문하신 음식은 드시고 가실 건가요? 아니면 가지고 가실 건가요?

손 님 우유 식빵만 가지고 갈 거예요.

종업원 네, 알겠습니다. 우유 식빵은 봉투 필요하십니까?

손 님 네, 하나 주세요.

종업원 종이봉투는 한 장에 오십 원입니다. 봉투 값까지 모두 만 이천오십 원입니다.

　　　　계산은 어떻게 하시겠습니까?

손 님 현금으로 할게요.

종업원 네, 감사합니다. 준비가 되면 이 번호로 알려 드리겠습니다.

　　　　자리에 앉아서 잠시만 기다려 주세요.

- 식빵 食パン
- 도넛 ドーナツ
- 홍차 紅茶
- 걸 ～ことを, ものを (「것을」の略語)
- 얼음 氷
- 가지고 가다 持って行く
- 봉투 封筒, 袋
- 필요하다 必要だ
- 종이봉투 紙袋
- 준비 準備, 用意

(1) 여기는 어디입니까?

① 중국집　　　　② 빵집　　　　③ 분식집　　　　④ 야채 가게

(2) 위 대화의 내용과 일치하는 것을 고르세요. 上記の会話と内容が一致するものを選びなさい。

① 손님은 시원한 홍차를 주문했습니다.

② 손님은 주문한 음식을 모두 가지고 갔습니다.

③ 손님은 종이봉투 값만 현금으로 계산했습니다.

④ 주문한 음식은 가게 안에서만 먹을 수 있습니다.

❷ 다음 료타 씨의 글을 읽고 물음에 답하세요. 次の亮太さんの文章を読んで問いに答えなさい。

우리 동네에 새로 큰 마트가 생겼습니다.

그 마트에는 신선한 야채와 과일이 많이 있습니다.

마트는 아침 일찍부터 저녁 늦게까지 문을 엽니다.

그리고 만 원 이상 사면 무료로 배달도 해 줍니다.

그 마트의 과일과 채소는 싸고 신선해서 사람들에게 인기가 많습니다.

전에는 집에서 먼 시장까지 가서 무거운 채소를 사야 했습니다.

그런데 지금은 가까운 곳에 마트가 있어서 언제든 신선한 야채를 살 수 있습니다.

그래서 정말 편리합니다.

마트 안에는 작은 빵집도 하나 있습니다.

점심 때는 방금 구운 맛있는 빵을 먹을 수 있습니다.

저는 어제 그 빵집에서 우유 식빵을 하나 샀습니다.

오늘 아침에는 그 식빵으로 샌드위치를 만들었습니다.

샌드위치 안에 넣으려고 계란도 삶고 오이도 썰고 토마토도 준비했습니다.

계란 샌드위치는 정말 맛있었습니다.

• 동네 隣近所　　• 마트 スーパー, マート　　　• 신선하다 新鮮だ　　• 문을 열다 店開きをする, 営業を始める
• 이상 以上　　• 언제든 いつだって, いつでも　　• 방금 ただ今

(1) 위 글의 내용과 일치하면 ○, 다르면 X 하세요.
   上の文章の内容と一致すれば ○, 違っていれば X を付けなさい.

   ① 시장은 료타 씨 집에서 멀어서 불편합니다.　　　　　　　　　　(　　　　)
   ② 료타 씨 집 앞에 새로 큰 빵집이 생겼습니다.　　　　　　　　　(　　　　)
   ③ 마트에서는 생선과 야채를 싸게 살 수 있습니다.　　　　　　　(　　　　)
   ④ 마트는 물건을 한 개 이상 사면 언제든 무료로 배달합니다.　　(　　　　)
   ⑤ 료타 씨는 오늘 아침에 계란 샌드위치를 만들어 먹었습니다.　(　　　　)

(2) 마트는 왜 사람들에게 인기가 있습니까?

_____

(3) 여러분이 평소에 자주 가는 가게가 있습니까? 그 가게를 소개해 주세요.

_____

_____

_____

🄵 - 🄶 다음 대화를 듣고 질문에 맞는 답을 고르세요. 会話を聞いて各問いに答えなさい。

◎ 58 ❶ 두 사람은 오늘 점심에 어디에 갑니까?

① 중국집　　　　　　　　　② 한식집

③ 양식집　　　　　　　　　④ 일식집

◎ 59 ❷ 남자는 왜 양복을 교환하고 싶습니까?

① 값이 너무 비싸서　　　　② 사이즈가 커서

③ 배달이 안 되어서　　　　④ 색깔이 마음에 안 들어서

🄷 - 🄹 다음 대화를 듣고 질문에 맞는 답을 고르세요. 会話を聞いて各問いに答えなさい。

◎ 60 ❸ ① 여자는 짬뽕을 주문했습니다.

　　② 남자는 택배 배달 기사입니다.

　　③ 여자는 짜장면이 먹고 싶습니다.

　　④ 1인분은 배달이 되지 않습니다.

◎ 61 ❹ ① 여자는 뜨거운 커피를 주문했습니다.

　　② 여자는 일식집에서 식사를 할 겁니다.

　　③ 남자는 햄버거 가게에서 일하고 있습니다.

　　④ 두 사람은 중국집에서 감자튀김을 자주 먹습니다.

◎ 62 ❺ ① 여자는 슈퍼마켓 종업원입니다.

　　② 남자는 한강아파트에 살고 싶습니다.

　　③ 물건을 두 개 이상 사면 배달이 무료입니다.

　　④ 지금 주문하면 두 시간 후에 물건을 배달해 줍니다.

語彙

가지고 가다	持っていく，持ち去る	신선하다	新鮮だ
감자	じゃがいも	썰다	切る，刻む
감자튀김	フライドポテト	양념	薬味，味付け，香料，調味料
걸 (것을)	ものを (「것을」の縮約形)	양념치킨	ヤンニョムチキン
계란	卵	양복	洋服，背広，スーツ
계산 (하다)	計算 (する)，会計 (する)，勘定 (する)	양식집	洋食店，レストラン
계속해서	継続して，続いて	언제든	いつだって，いつでも
고객 (님)	顧客 (様)	얼음	氷，アイス
교환 (하다)	交換 (する)	연락처	連絡先
굽다	焼く，あぶる	영수증	領収証，領収書，レシート
그때	その時	예약 (하다)	予約 (する)
그릇	器，入れ物，容器	온라인	オンライン
기름	油	이상	以上
김치볶음밥	キムチ炒飯	이용 (하다)	利用 (する)
깎다	(果物の) 皮をむく，削る	인분	(数詞の後につけて) 〜人前
날짜	日数，日，日付	일식집	和食屋，日本料理店
넣다	入れる，預ける	종업원	従業員
담다	(器に) 盛る，入れる	종이봉투	紙袋
도넛	ドーナツ	주문 (하다)	注文 (する)
동네	隣近所，村	주인	(客に対する) 主人，持ち主
때문 (에)	ため (の)，ゆえ (の)，〜せい (で)	준비	準備，用意
마리	匹，羽，頭	중국집	中華料理店，中国料理店
마트	スーパー，マート	짬뽕	チャンポン
문을 열다	店開きをする，営業を始める	채소	野菜，青物
밀가루	小麦粉	초콜릿	チョコレート
반찬	おかず，惣菜	치킨집	チキン屋
방금	今，ただ今	켤레	(履物などを数える語) 足，組，対
방송 (하다)	放送 (する)	튀기다	(油で) 揚げる
벌	(洋服や器物などの) 揃い，セット	튀김	てんぷら，揚げ物，フライ
볶다	炒める	판	卵入れ容器やピザなどを数える言葉
봉지	袋	팔리다	売れる
봉투	封筒，封じ袋	품절 (이다)	品切れ (だ)，売り切れ (だ)
분식집	粉食店	프라이드치킨	フライドチキン
사이트	サイト	프로그램	プログラム，(テレビ) 番組
삶다	煮る，ゆでる，蒸す	필요하다	必要 (必要だ，要る)
상품권	商品券	한식집	韓国料理店
샌드위치	サンドイッチ	햄버거	ハンバーガー
생선	魚，生魚	홍차	紅茶
성	本性，性	화장품	化粧品
세트	セット	확인되다	確認される，確かめられる
시키다	(食べ物を) 注文する	환불하다	払い戻す，換金する
식빵	食パン		

내일 한국 영화도 개봉할 예정이야.

어휘와 표현 ◆◆◆ ||||||||||||||||||||||||||||||||||||||||||||||||||||||||||||||||||||||||||||

◎ 63 〈 感情と状態 〉

 궁금하다　　　아름답다　　　젊다　　　잘생기다

 편하다　　　부드럽다　　　착하다　　　똑똑하다

 불쌍하다　　　부지런하다　　　울다　　　웃다

 즐기다　　　즐거워하다　　　괴로워하다　　　소중하다

◎ 64 〈 영화 장르 〉

 코미디　　　로맨스　　　공포　　　액션

◎ 65 〈 반말 〉

敬語	ため口
저/제	나/내
네.	응.
아니요.	아니.

敬語	ため口
안녕히 가세요.	잘 가.
안녕히 계세요.	잘 있어.
안녕히 주무세요.	잘 자.

敬語	ため口
친구예요.	친구야.
맛있게 드세요.	맛있게 먹어.
지민 씨/윤기 씨	지민아/윤기야

Q1. 그 영화 어땠어?　　　Q2. 방학에 뭐 했어?　　　Q3. 누구야?

A1. 생각보다 재미있었어.　　　A2. 한국에 갔어.　　　A3. 내 동생이야.

연습 1 알맞은 표현을 〈보기〉에서 찾아 문장을 완성하세요.
例のように最も適切なものを選んで文を完成させなさい。

〔보기〕　편하다　울다　궁금하다　잘생기다　똑똑하다　아름답다　즐기다

例)　남자 배우가 정말 잘생겼어요.

(1) 이 소파는 정말 _____.

(2) 여기는 경치가 아주 _____.

(3) 우리 아들은 한번 보면 다 알아요. 정말 _____.

(4) 다음 주에 시작하는 드라마가 너무 _____.

(5) 그 드라마는 아주 슬퍼요. 저는 어제도 보고 많이 _____.

・경치　景色

연습 2 〈보기〉와 같이 다음 문장을 반말로 써 보세요. 例のようにため口の表現に書き換えなさい。

〔보기〕　내일은 비가 올 거예요.　→　내일은 비가 올 거야.

(1) 학생이에요.　　　　　　　　→　_____

(2) 맛있게 드셨어요?　　　　　　→　_____

(3) 제 이름은 ○○○입니다.　　　→　_____

(4) 다음 주에 한국으로 돌아가요.　→　_____

・돌아가다　戻る

연습 3 좋아하는 영화나 드라마를 추천해 주세요. 自分の好きな映画やドラマを推薦しましょう。

・제목　タイトル	
・장르　ジャンル	
・주인공　主人公	
・내용　内容 (あらすじ)	
・추천하는 이유　勧める理由	

1 -은/ㄴ, 는 것 같다 (～ようだ, ～みたいだ, ～そうだ)

周りの状況から状態や行動について推測したり, 自分の考えや意見を断定的に言わず婉曲に述べる言い方。形容詞の現在形の場合, 基本形の「-다」を取り除いた後に「-은/ㄴ 것 같다」を付ける。動詞の現在形には「-는 것 같다」を付ける。名詞の後には「-인 것 같다」を付ける。

> 보기1 옷이 조금 작은 것 같아요.　　　　　　　　(服が少し小さいようです。)
> 보기2 엄마를 닮아서 예쁜 것 같아요.　　　　　　(お母さんに似ていて可愛いんですね。)
> 보기3 주인공이 연기를 정말 잘하는 것 같아요.　　(主人公の演技が大変すばらしいように思います。)

연습 1 次の表を完成させなさい。 (＊変則)

基本形	-은/ㄴ 것 같다
짧다	
친절하다	
길다＊	

基本形	-는 것 같다
재미있다	
좋아하다	
울다＊	

名詞	-인 것 같다
팬	
남자 친구	
젊은 사람	

연습 2 「-은/ㄴ, 는 것 같다」を用いて次の文を完成させなさい。

例)　오빠 목소리가 정말 부드럽다　　→　오빠 목소리가 정말 부드러운 것 같아요.

1) 저분이 마크 씨 어머니다　　　　→　_____

2) 여자 주인공이 너무 불쌍하다　　→　_____

3) 올해는 사과랑 귤이 맛있다　　　→　_____

4) 그 사람은 동물을 싫어하다　　　→　_____

　　• -랑/이랑 　～と (か), ～や (ら)

2 -겠- (～します／～でしょう／～そうだ)

動詞・形容詞の基本形の「-다」を取り除いた後に「-겠-」を付けて話し手の意思や意図を表す。また, 何かがすぐに起こるという情報を与える時に用いる。その他, 話す時の状況や状態から推測する時にも用いられる。過去の推測の場合は「-았/었겠어요」を, 希望と願望を表す時は「-으면/면 좋겠어요」になる。

> 보기1 잠시 후에 도착하겠습니다.　　　　　　　　　　(まもなく到着します。)
> 보기2 일이 많아서 힘들었겠어요.　　　　　　　　　　(仕事が多くて大変だったでしょうね。)
> 보기3 이번 팬 미팅에 갈 수 있으면 좋겠어요.　　　　(今度のファンミーティングに行けたら良いですね。)
> 보기4 다음은 어느 분이 말씀하시겠습니까? 제가 하겠습니다.　(次はどなたがお話されますか。私がします。)

연습 1 「-으면/면 좋겠어요」を用いて次の文を完成させなさい。

例)　이 음악을 듣다　　→　이 음악을 들으면 좋겠어요.

1) 바지가 좀 더 길다　　→　_____

2) 그런 재미있는 친구가 있다　　→　_____

　　• 그런 그のような, そんな

문형 B

3 -을/ㄹ + 名詞

動詞・形容詞の名詞修飾形（連体形）として用いられる。動詞の場合, 未来形の意味（～する○○）をなす。形容詞の場合は, 推測を表す表現として「-을/ㄹ 것 같다」の形で使うことが多い。動詞と形容詞の基本形の「-다」を除いた後の最後の音節が母音で終わると「-ㄹ」を, 子音で終わると「-을」を付ける。

보기1	내일 개봉할 영화에 대해서 알고 있어?	（明日公開する映画について知っているの？）
보기2	이번에 칸 영화제에서 상을 받을 것 같아.	（今度のカンヌ国際映画祭で賞をもらえそう。）
보기3	내일 떠날 생각이야.	（明日発つ予定だよ。）

연습 1 次の表を完成させなさい。 （＊変則）

基本形	-을/ㄹ
가다	
작다	
맛있다	

基本形	-을/ㄹ
보다	
예쁘다	
싫어하다	

基本形	-을/ㄹ
읽다	
덥다＊	
알다＊	

연습 2 「-을/ㄹ」を用いて次の文を完成させなさい。

例)　저녁에 친구가 오다 / 예정이다　→　저녁에 친구가 올 예정이야.

1) 파티에서 드레스를 입다 / 생각이다　　→ _____

2) 아이가 많이 즐거워하다 / 것 같다　　→ _____

3) 다음 주부터 살다 / 집이다　　→ _____

4) 기차가 출발하다 / 시간이 되었다　　→ _____

4 -게 되다 （～になる, ～くなる, ～ことになる, ～ようになる）

状況の変化を表す時, または話者の意思に関係なく他人や周りの環境によってある状況になることを表す。動詞の基本形の「-다」を取り除いた後に「-게 되다」を付ける。

보기1	직장 때문에 외국에 가게 되었어요.	（職場の都合で外国に行くことになりました。）
보기2	손님이 없어서 가게를 닫게 되었어요.	（お客さんがいなくてお店を閉めることになりました。）
보기3	경치가 좋아서 이곳에 살게 되었어요.	（景色が良くてここに住むようになりました。）

연습 1 「-게 되다」を用いて次の文を完成させなさい。

例)　아는 사람 소개로 만나다　→　아는 사람 소개로 만나게 되었어요.

1) 건강을 위해서 야채를 먹다　　→ _____

2) 한국 가수가 좋아서 한국 노래를 듣다　→ _____

3) 친구가 너무 괴로워해서 같이 술을 마시다　→ _____

89

66

윤호	미유 씨, 어제 저녁에 그 드라마 봤죠?
미유	네, 봤어요. 정말 재미있었어요.
윤호	저도 진짜 재미있게 봤어요. 여자 주인공이 너무 귀여운 것 같아요. 저도 그런 여자 친구가 있으면 좋겠어요.
미유	그 배우는 요즘 정말 인기가 많은 것 같아요. 제 친구들도 만나면 그 배우 얘기만 해요.
윤호	연기도 잘하고, 예쁘니까요.
미유	오늘 내용도 너무 궁금해요. 빨리 드라마 시간이 되면 좋겠어요.
윤호	미유 씨는 진짜 그 드라마 팬인 것 같네요.
미유	네, 요즘은 수요일이랑 목요일만 기다려요.

(가)
너무 귀엽다
그런 여자 친구가 있다
드라마 시간이 되다
그 드라마 팬이다

(나)
노래를 정말 잘하다
노래를 잘할 수 있다
드라마를 볼 수 있다
그 드라마를 좋아하다

(다)
춤을 잘 추다
그렇게 춤을 잘 추다
저녁이 오다
그 드라마 시간만 기다리다

(라)

◎ 67

윤아 오빠, 이번 주에 재미있는 영화 없어요?

마크 칸 영화제에서 상을 받은 한국 영화가 목요일에 개봉할 예정이야.

　　　나는 공포 영화를 좋아해서 그 영화를 계속 기다리고 있었어.

윤아 오빠는 어떻게 영화에 대해서 그렇게 잘 알아요?

마크 나는 영화 잡지를 자주 읽어.

　　　그래서 영화에 대해서 많이 알게 되었어.

윤아 그럼 졸업하고 영화 일을 할 거예요?

마크 응. 대학교를 졸업하면 대학원에서 영화를 공부할 생각이야.

윤아 진짜요? 오빠가 그렇게 얘기하니까 저도 그 영화가 궁금하네요.

마크 그럼 이번 주말에 같이 보러 갈까?

• 대학원 大学院

(가)	(나)
재미있다	보고 싶다
영화 잡지를 자주 읽다	영화 소개 프로그램을 많이 보다
영화에 대해서 많이 알다	영화에 관심을 갖다
대학원에서 영화를 공부하다	영화 회사에 취직하다
(다)	(라)
새로 시작하다	
영화를 보러 자주 가다	
영화를 좋아하다	
영화를 직접 만들다	

❶ **가장 알맞은 것을 연결하세요.** 最も適切なものを選んで結びなさい。

(1) •

       • 공포 영화 •   • 무서운 이야기

       • 코미디 영화 •

(2) •

                       • 재미있는 이야기

       • 액션 영화 •

(3) •

       • 로맨스 영화 •   • 사랑 이야기

❷ **밑줄에 들어갈 알맞은 단어를 <보기>에서 찾아 쓰세요.** 最も適切な言葉を書きなさい。

> [보기]   이랑/랑   위해서   만   대해서   으로/로   처럼   그런

(1) 내일 남자 친구_____ 같이 영화를 보러 가요.

(2) 이번 영화에 _____ 어떻게 생각하십니까?

(3) 어떻게 _____ 생각을 했어요?

(4) 저는 별로 배가 안 고파요. 밥을 조금_____ 주세요.

(5) 친구와 부산_____ 여행을 갑니다.

❸ **<보기>와 같이 대화를 완성하세요.** 例のように会話を完成させなさい。

> [보기]   아 들   어머니, 안녕히 주무세요.
>   어머니   그래. 너도 **잘 자**.

(1) 유 키   민수야, 이거 네 안경이야?   (2) 정 아   지민아, 이거 네 구두야?

    민 수   _____. 그건 내 안경이야.   민 수   _____, 그건 미나 구두야.

(3) 학 생   선생님, 안녕히 계세요.   (4)   딸   잘 먹겠습니다.

   선생님   응. 잘 _____.   어머니   그래. 많이 _____.

   • 네 (「너의」의 略語) 君の，お前の   • 그래 (目下に答える時の語) うん，そう

❹ <보기>와 같이 문장을 완성하세요. 例のように文を完成させなさい。

| 보기1 | BTS 팬이다
(BTSファンである) | → | BTS 팬인 것 같아요. |

(1) 착한 사람이다　　　　　　　　→ _____

(2) 영화를 많이 보다　　　　　　　→ _____

(3) 선물로 가방을 받다　　　　　　→ _____

(4) 저 사람은 아주 똑똑하다　　　　→ _____

| 보기2 | 아직 잘 모르다
(まだよく分からない) | → | 아직 잘 모르겠습니다. |

(5) 열심히 공부하다　　　　　　　→ _____

(6) 부모님의 마음을 알다　　　　　→ _____

(7) 좀 더 부지런하면 좋다　　　　　→ _____

(8) 내일부터 학교에 일찍 오다　　　→ _____

| 보기3 | 영화가 내일 개봉하다 / 예정이다　→　영화가 내일 개봉할 예정이야. |
| | (映画が明日公開する / 予定だ) |

(9) 내일 만나다 / 친구이다　　　　→ _____

(10) 저녁에 가다 / 식당이다　　　　→ _____

(11) 생일 파티 때 먹다 / 케이크다　　→ _____

(12) 기차에서 읽다 / 잡지다　　　　→ _____

| 보기4 | 영화에 대해 많이 알다　→　영화에 대해 많이 알게 되었어. |
| | (映画についてたくさん知る) |

(13) 한국 드라마를 보다　　　　　→ _____

(14) 매운 음식을 먹다　　　　　　→ _____

(15) 영어 공부를 시작하다　　　　→ _____

(16) 그 사람 때문에 많이 웃다　　　→ _____

❶ **다음 대화를 읽고 물음에 답하세요.** 次の会話を読んで問いに答えなさい。

직원	어서 오십시오.
료타	지금 시작하는 〈소중한 가족〉 두 장 주세요.
직원	9시 영화 〈소중한 가족〉 두 분 맞으시죠?
	자리는 어느 쪽으로 드릴까요?
	현재 1열 중앙과 5열 오른쪽 자리가 예약 가능합니다.
료타	5열로 주세요.
직원	네. 주말 아침 성인 한 분 가격은 8,000원입니다.
	혹시 할인 카드 있으세요?
료타	없어요. 현금으로 계산해 주세요.
직원	네, 두 분 16,000원입니다. 상영 시간 10분 전부터 입장 가능합니다.

- 현재 現在　　• 열 列　　• 중앙 中央　　• 성인 成人, 大人
- 할인 割引　　• 상영 上映　　• 입장 入場　　• 가능 可能

⑴ 여기는 어디입니까?

① 병원　　　　② 극장　　　　③ 은행　　　　④ 공항

⑵ 대화의 내용과 일치하는 것을 고르세요. 上記の会話と一致するものを選びなさい。

① 료타 씨는 할인 카드를 가지고 있습니다.

② 료타 씨는 제일 앞 자리에서 영화를 봅니다.

③ 주말 아침 영화 표는 1장에 16,000원입니다.

④ 8시 50분부터 영화 〈소중한 가족〉을 보러 들어갈 수 있습니다.

❷ **다음 영화 포스터를 보고, 내용과 <u>일치하지 않는 것</u>을 고르세요.**

次の映画のポスターを見てその内容と<u>一致しないもの</u>を選びなさい。

영화 〈사랑 이야기〉 8월 극장 개봉
드라마 〈사랑〉을 영화로 만들다!
드라마의 감동을 영화에서도 느껴 보세요!
12세 이상 관람 가능

- 세 歲, 才　　• 관람 観覧　　• 감동 感動

① 이 영화는 로맨스 영화입니다.　　② 이 영화와 같은 내용의 드라마가 있습니다.

③ 어른은 이 영화를 볼 수 없습니다.　　④ 이 영화는 8월에 영화관에서 볼 수 있습니다.

❸ 다음 글의 내용과 일치하면 ○, 다르면 X 하세요.
次の文章と内容が一致すれば○，違っていれば X を付けなさい。

> 오늘 아침에 저는 이번에 새로 개봉한 한국 영화를 봤습니다.
>
> 그 영화는 세계 3대 영화제인 칸 영화제에서 상을 받은 영화였습니다.
>
> 그래서 정말 기대하고 봤는데, 기대 이상으로 좋았습니다.
>
> 유명한 배우들이 많이 나왔는데 역시 모두 연기가 훌륭했습니다.
>
> 특히 남자 주인공인 아버지가 딸을 찾는 장면이 기억에 남습니다.
>
> 딸이 죽고 혼자 남아서 우는 아버지가 너무 불쌍했습니다.
>
> 그렇지만 재미있는 내용도 많아서 2시간 동안 전혀 지루하지 않았습니다.
>
> 한국 문화를 이해하는데 도움이 되는 이 영화를 추천하고 싶습니다.
>
> ・세계 世界　　　・기대 (하다) 期待 (する)　　　・역시 やはり　　　・훌륭하다 見事だ, すばらしい
> ・장면 場面　　　・기억에 남다 記憶に残る　　　・죽다 死ぬ　　　・전혀 全く
> ・이해하다 理解する　　　・도움이 되다 役に立つ

(1) 이 사람은 어제 한국 영화를 봤어요.　　　　　　　　　(　　　)

(2) 이 사람은 한국 영화로 상을 받았어요.　　　　　　　　(　　　)

(3) 오늘 본 영화에는 유명한 배우가 많이 나왔어요.　　　(　　　)

(4) 이 영화에 나온 배우들은 아주 연기를 잘했어요.　　　(　　　)

(5) 이 영화는 내용이 길어서 조금 지루했어요.　　　　　　(　　　)

(6) 이 사람은 이 영화를 다른 사람에게도 추천해요.　　　(　　　)

❹ 위의 ❸번을 <보기>와 같이 다시 써 보세요.　上記の❸の文章を例のように書き換えなさい。

[보기] 오늘 아침에 나는 이번에 새로 개봉한 한국 영화를 **봤어.**

그 영화는 세계 3대 영화제인 칸 영화제에서 상을 받은 ＿＿＿＿＿＿＿.

그래서 정말 기대하고 봤는데, 기대 이상으로 ＿＿＿＿＿＿＿.

유명한 배우들이 많이 나왔는데 역시 모두 연기가 ＿＿＿＿＿＿＿.

특히 남자 주인공인 아버지가 딸을 찾는 장면이 ＿＿＿＿＿ ＿＿＿＿＿.

딸이 죽고 혼자 남아서 우는 ＿＿＿＿＿ ＿＿＿＿＿ ＿＿＿＿＿.

그렇지만 재미있는 내용도 많아서 2시간 동안 전혀 ＿＿＿＿＿ ＿＿＿＿＿.

한국 문화를 이해하는데 도움이 되는 이 영화를 ＿＿＿＿＿ ＿＿＿＿＿.

1 - 3 다음 대화를 듣고 질문에 맞는 답을 고르세요. 次の会話を聞いて各問いに答えなさい。

◎ 68 **❶** 남자는 지금 어디에 갑니까?

① 노래방　　　② 영화관　　　③ 미술관　　　④ 박물관

◎ 69 **❷** 두 사람은 오늘 어떤 영화를 봅니까?

 ① ② ③ ④

◎ 70 **❸** 여자는 오늘 왜 일찍 집에 갑니까?

① 저녁을 먹기 위해서　　　② 텔레비전을 보기 위해서

③ 노래를 부르기 위해서　　　④ 남자 친구를 만나기 위해서

4 - 5 다음의 대화를 듣고 내용과 일치하는 것을 고르세요.
次の会話を聞いて内容が一致するものを選びなさい。

◎ 71 **❹** ① 여자는 혼자 영화를 봅니다.

② 여자는 밤에 영화를 봅니다.

③ 남자는 현금으로 계산했습니다.

④ 남자는 만화 영화를 좋아합니다.

◎ 72 **❺** ① 두 사람은 어제 같이 드라마를 봤습니다.

② 두 사람은 오늘 영화를 보러 갈 것입니다.

③ 두 사람이 좋아하는 드라마는 영화로 개봉합니다.

④ 두 사람이 좋아하는 드라마는 오늘도 볼 수 있습니다.

語彙

가능	可能	소중하다	きわめて大切だ，尊い
감동	感動	아니	(ため口) いや，いいえ
개봉(하다)	開封，(映画を) 封切りする	아름답다	美しい，きれいだ
경치	景色	액션	アクション
공포	恐怖	-에 대해(서)	～について，～に対して
관람	観覧	역시	やはり
괴로워하다	苦しむ，悩む	연기	演技，芝居
궁금하다	気になる，気遣わしい	열	列
그래	(友達や目下に答える時の言葉) うん，そう	영화제	映画祭
그런	そのような，そんな	웃다	笑う
기대(하다)	期待 (する)	응	(同年輩や目下に答える時) うん
기억	記憶，覚え	이유	理由，わけ
기억에 남다	記憶に残る	이해하다	理解する，分かる，解する
남다	余る，残る	입장	入場
내	私の，我が *「나의」の略語	잘생기다	きれいだ，ハンサムだ
내용	内容，中身	장르	ジャンル，種類，領域
네	君の，お前の *「너의」の略語	장면	場面，シーン
닮다	似る	전혀	全然，全く
대학원	大学院	젊다	若い
도움	助け，助力	제목	タイトル，題目
도움이 되다	助かる，役 (に) 立つ，救われる	주인공	主人公
돌아가다	(もとに) 戻る，回る，回って行く	죽다	死ぬ
똑똑하다	明瞭だ，利口だ，賢い	중앙	中央
-랑/이랑	～と (か)，～や (ら)	즐거워하다	喜ぶ，嬉しがる，楽しがる
로맨스	ロマンス，恋物語	즐기다	楽しむ，エンジョイする
미팅	ミーティング，男女の出会い，合コン	착하다	善良だ，大人しい，善い
부드럽다	柔らかい，軟らかい，触りがよい	추천하다	推薦する，勧める
부지런하다	勤勉だ，手まめに働く	코미디	コメディー，喜劇
상	賞，褒美	팬	ファン
상영	上映	편하다	楽だ，安らかだ，気楽だ
상을 받다	賞をもらう，賞を取る，賞を受ける	할인	割引
성인	成人，大人	현재	現在
세	歳，才	훌륭하다	立派だ，見事だ，すばらしい
세계	世界		

친구들이랑 여행을 가기로 했어요.

어휘와 표현 ◆◆◆

◎ 73 〈 여행 이유 〉

| 꽃구경 | 물놀이 | 단풍놀이 | 온천 |

◎ 74 〈 여행 종류 〉

| 국내 여행 | 해외여행 | 자유 여행 | 신혼여행 |

◎ 75 〈 숙박 시설 〉

| 펜션 | 게스트 하우스 | 템플 스테이 | 한옥 스테이 |

◎ 76 〈 숙소 예약 〉

| 싱글 룸 / 1인실 | 더블 룸 / 2인실 | 트윈 룸 / 2인실 | 온돌방 |

| 고층 | 저층 | 금연실 | 흡연실 |

연습 1 숙소를 예약해 보세요.

• 숙박 기간　宿泊期間	1박	2박	3박	( )박	
• 방의 종류　部屋の種類	싱글 룸	더블 룸	트윈 룸	3인실	온돌방
• 흡연　喫煙可否	금연	흡연			
• 식사　食事	아침	점심	저녁	식사 X	
• 추가 내용　追加内容	저층	고층	그 외 ( )		

• 1박 1泊　　• 추가 (하다) 追加 (する)　　• 그 외 その他

연습 2 위의 예약 내용을 참고로 대화를 완성해 보세요. 上の「練習1」を参考に会話を完成しなさい.

직원　여보세요? 우리호텔입니다. 무엇을 도와드릴까요?

손님　방을 예약하고 싶은데요.

직원　네. 언제로 예약해 드릴까요?

손님　_____월 _____일부터 _____월 _____일까지 _____박을 예약하고 싶어요.

직원　네. 몇 분이십니까?

손님　_____명이에요. _____ (룸)으로 예약해 주세요.

직원　네. 금연실과 흡연실 중 어떤 방으로 예약해 드릴까요?

손님　_____로 예약해 주세요.

직원　식사는 추가하시겠습니까?

손님　_____

연습 3 자신의 여행 계획을 써 보세요.

• 여행 장소	
• 같이 갈 사람	
• 여행 기간	
• 교통	
• 하고 싶은 것	
• 먹고 싶은 음식	

1 -기로 하다 (〜することにする)

主に1人称の話者の意思を述べる時に用いられ, 話者自身の約束事項や決定事項を話す時に使われる。動詞の基本形の「-다」を取り除いた後に「-기로 하다」を付ける。

> [보기1] 우리는 내일 떠나기로 했어요.　　　　(私たちは明日発つことにしました。)
> [보기2] 다음에 같이 알아보기로 해요.　　　　(今度一緒に調べることにしましょう。)
> [보기3] 졸업식에는 한복을 입기로 했어요.　　(卒業式では韓服を着ることにしました。)

[연습 1] 「-기로 하다」を用いて次の文を完成させなさい。

> 例)　내일 꽃구경을 가다　　→　내일 꽃구경을 가기로 했어요.

1) 다음 주에 같이 놀다　　　　→ _____

2) 이번에 수영복을 사다　　　　→ _____

3) 점심에는 도시락을 먹다　　　→ _____

4) 오늘은 즐거운 노래를 듣다　→ _____

・수영복 水着　　・도시락 弁当

2 -으려면/려면 (〜しようとするなら／〜しようと思うなら)

先行節の動詞に付けてその動作を行う意図や計画があるのならば, 後続節の内容が前提にならないといけないことを表す。そのために, 後続節には「-아야/어야 해요(돼요)」「-(으)면 돼요」「-(으)세요」のような文型が続くことが多い。動詞の基本形の「-다」を取り除いた後の最後の音節が母音またはパッチム「ㄹ」の場合は「-려면」を,「ㄹ」以外の子音で終わる場合は「-으려면」を付ける。

> [보기1] 손을 씻으려면 화장실로 가세요.　　　　　(手を洗いたいならお手洗いに行ってください。)
> [보기2] 벚꽃이 피려면 더 따뜻해야 할 것 같아요.　(桜が咲くにはもっと暖かくならないといけないようですね。)
> [보기3] 한국에서 살려면 한국어를 공부해야 해요.　(韓国で暮らすには韓国語を勉強しなければなりません。)

[연습 1] 次の表を完成させなさい。 (＊変則)

基本形	-으려면/려면	基本形	-으려면/려면	基本形	-으려면/려면
사다		찾다		듣다＊	
기다리다		입다		알다＊	
공부하다		신다		돕다＊	

[연습 2] 「-으려면/려면」と「-아야/어야 해요」を用いて次の文を完成させなさい。

> 例)　술을 마시다 / 20살이 되다　→　술을 마시려면 20살이 되어야 해요.

1) 이곳을 걷다 / 운동화를 신다　　→ _____

2) 오늘 도착하다 / 지금 출발하다　→ _____

3) 그 사람을 만나다 / 오전에 오다　→ _____

3 -으면서/면서 (〜ながら)

ある行為をしながら同時に別の行為を行うことを表す。従って，先行節と後続節の主語は同一となる。動詞・形容詞の基本形の「-다」を取り除いた後の最後の音節が母音またはパッチム「ㄹ」の場合は「-면서」を，その他の子音で終わる場合は「-으면서」を付ける。名詞の後には「-(이)면서」を付ける。

보기1	신문을 읽으면서 음악을 들어요.	（新聞を読みながら音楽を聞きます。）
보기2	돈을 벌면서 공부도 계속 했어요.	（お金を稼ぎながら勉強も続けました。）
보기3	저 식당은 값도 싸면서 아주 맛있어요.	（あの食堂は値段も安くてとてもおいしいです。）
보기4	그 사람은 대학생이면서 회사원이에요.	（その人は大学生でありながら会社員です。）

연습 1 次の表を完成させなさい。 （＊変則）

基本形	-으면서/면서		基本形	-으면서/면서		基本形	-으면서/면서
적다			만나다			맵다＊	
바쁘다			-(이)다			듣다＊	
멋있다			아니다			만들다＊	

연습 2 「-으면서/면서」を用いて次の文を完成させなさい。

例) 뉴스를 보다 / 아침을 먹다 → 뉴스를 보면서 아침을 먹어요.

1) 얼굴도 예쁘다 / 성격도 좋다 → _____

2) 이 음악은 새롭다 / 듣기에 편하다 → _____

3) 주변에 식당이 많다 / 교통이 편리하다 → _____

- 성격 性格　　・새롭다 過去の思いが新ただ，新しい　　・주변 周辺

4 -은지/ㄴ지, 는지 (〜であるか)

後ろに알다/모르다/궁금하다/질문하다/알아보다/말하다/가르치다などの言葉と結合して使うことが多い。基本形の「-다」を取り除いた後，形容詞の場合は「-은지/ㄴ지」を，動詞の場合は「-는지」を付ける。名詞の後には「-인지」を付ける。

보기1	물을 마셔도 괜찮은지 아세요?	（水を飲んでも大丈夫かどうかご存知ですか。）
보기2	얼마나 고마운지 모르겠어요.	（どれほどありがたいか分かりません。）
보기3	누가 더 빠른지 확인해 볼까요?	（誰がより早いか確認してみましょうか。）
보기4	어디에 주차를 했는지 차가 안 보이네요.	（どこに駐車をしたか車が見えませんね。）

연습 1 「-은지/ㄴ지, 는지」を用いて次の文を完成させなさい。

例) 잊어버린 게 없다 / 확인하고 있다 → 잊어버린 게 없는지 확인하고 있어요.

1) 설악산이 얼마나 높다 / 알고 있다 (?) → _____

2) 추가로 돈이 얼마나 들다 / 궁금하다 → _____

3) 그런 상품을 왜 원하다 / 모르겠다 → _____

- 설악산 雪嶽山　　・(돈이) 들다 (お金が) 掛かる　　・상품 商品　　・원하다 望む，願う

77

윤호 　요즘 정말 단풍놀이하기 좋은 날씨네요.

미나 　그렇죠?

　　　저도 친구들이랑 이번 주말에 단풍 구경을 가기로 했어요.

윤호 　정말요? 부러워요.

　　　저는 할 일이 없어서 집에서 잠만 잘 것 같아요.

미나 　그래요? 그럼 윤호 씨도 같이 갈래요?

윤호 　같이 가도 괜찮아요? 어디로 가기로 했는데요?

미나 　아직 모르겠어요. 지민 씨랑 여행사에 가서 알아보려고요.

　　　지민 씨랑 지금 만나기로 했는데, 윤호 씨도 같이 갈래요?

윤호 　좋아요. 이번 주말에 가려면 빨리 예약해야 할 것 같아요.

　　　그런데 며칠 정도 갈 거예요?

미나 　1박 2일로 갈 생각이에요.

(가)	(나)
단풍놀이하다	꽃구경하러 가다
단풍 구경을 가다	벚꽃 놀이를 가다
이번 주말에 가다	더 즐겁게 놀다
빨리 예약하다	도시락도 만들다
(다)	(라)
물놀이하다	
바다에서 수영하다	
수영복을 입다	
다이어트를 하다	

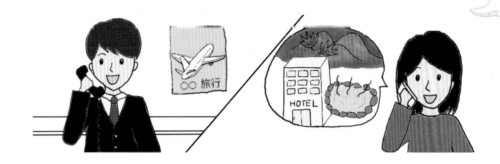

직원   안녕하십니까? 우리여행사입니다. 무엇을 도와드릴까요?

미나   이번 주말 설악산 단풍놀이 여행 상품을 예약한 김미나인데요.
추가로 호텔도 예약하고 싶어서 전화했어요.

직원   네, 감사합니다. 원하시는 호텔이 있으십니까?

미나   산에서 가까우면서 온천도 할 수 있는 곳이면 좋을 것 같아요.

직원   우리호텔은 어떠십니까?
산에서 5분 거리면서 온천도 있습니다.

미나   그래요? 가까운 곳에 그런 호텔이 있는지 몰랐네요.
이번 주말에 금연실로 트윈 룸 1박 예약 가능할까요?

직원   네, 방이 있는지 바로 알아보겠습니다.

미나   아, 주차가 가능한지도 확인해 주세요.

- 몰랐네요 知りませんでした(基本形「모르다」)

(가)
산에서 가깝다 / 온천을 할 수 있다
산에서 5분 거리면서 온천도 있다
가까운 곳에 그런 호텔이 있다
금연실로 트윈 룸 1박

(나)
산이 보이다 / 식당에서 가깝다
경치가 좋고 주변에 식당도 많다
산 근처에 식당이 많다
고층으로 싱글 룸 3개

(다)
수영장이 있다 / 깨끗하다
새로 생겨서 깨끗하고 수영장도 있다
산 근처에 새로운 호텔이 생겼다
저층 온돌방으로 2박

(라)

❶ 102페이지의 「말하기 A」의 패턴 (나)를 이용해서 아래와 같이 정중한 표현으로 써 보세요.

102ページの「会話A」のパターン (나)を用いて下記のように丁寧形に書き換えなさい。

윤호　요즘 정말 꽃구경하러 가기 좋은 날씨네.

미나　그렇지? **나도** 친구들이랑 이번 주말에 벚꽃 놀이를 가기로 **했어.**

윤호　**정말? 부럽다. 나는** 할 일이 없어서 집에서 잠만 잘 것 **같아.**

미나　**그래?** 그럼 너도 같이 **갈래?**

〜〜

〈丁寧形〉

윤호　요즘 정말 꽃구경하러 가기 좋은 날씨네**요.**

미나　＿＿＿＿＿＿＿＿＿? 저도 친구들이랑 이번 주말에 ＿＿＿＿＿＿＿＿＿＿＿＿＿＿＿.

윤호　정말**요**? ＿＿＿＿＿＿＿. ＿＿＿＿＿＿ 할 일이 없어서 집에서 ＿＿＿＿＿＿＿＿＿＿.

미나　＿＿＿＿＿＿＿? 그럼 윤호 씨도 같이 ＿＿＿＿＿＿＿＿?

❷ 102페이지의 「말하기 A」의 패턴 (가)를 이용해서 아래와 같이 반말체로 써 보세요.

102ページの「会話A」のパターン (가)を用いて下記のようにため口の表現に書き換えなさい。

윤호　같이 가도 **괜찮아요**? 어디로 가기로 **했는데요?**

미나　아직 **모르겠어요. 지민 씨랑** 여행사에 가서 **알아보려고요.**

　　　지민 씨랑 지금 만나기로 했는데, 윤호 씨도 같이 **갈래요?**

윤호　좋아요. 이번 주말에 가려면 빨리 예약해야 할 것 **같아요.**

　　　그런데 며칠 정도 갈 **거예요?**

미나　1박 2일로 갈 생각**이에요.**

〜〜

〈ため口〉

윤호　같이 가도 **괜찮아**? 어디로 가기로 **했는데?**

미나　아직 ＿＿＿＿＿＿＿＿＿＿＿. 지민**이랑** 여행사에 가서 ＿＿＿＿＿＿＿＿＿＿＿.

　　　＿＿＿＿＿＿＿＿＿＿ 지금 만나기로 했는데, 너도 같이 ＿＿＿＿＿＿？

윤호　＿＿＿＿＿＿＿. 이번 주말에 가려면 빨리 ＿＿＿＿＿＿＿＿＿＿＿＿＿.

　　　그런데 며칠 정도＿＿＿＿＿＿＿?

미나　1박 2일로 ＿＿＿＿＿＿＿＿＿＿.

❸ <보기>와 같이 문장을 완성하세요. 例のように文を完成させなさい。

<table>
<tr><td>보기1</td><td>주말에 단풍놀이하러 가다
(週末に紅葉狩りをする)</td><td>→ 주말에 단풍놀이하러 가기로 했어요.</td></tr>
</table>

(1) 저녁에 다시 확인하다 → _____

(2) 친구들이랑 같이 놀다 → _____

(3) 점심에는 삼계탕을 먹다 → _____

(4) 내일 남자 친구를 만나다 → _____

<table>
<tr><td>보기2</td><td>주말에 가다
(週末に行く)</td><td>→ 주말에 가려면 빨리 예약해야 할 것 같아요.</td></tr>
</table>

(5) BTS 콘서트를 보다 → _____

(6) 예쁜 드레스를 입다 → _____

(7) 연휴에 비행기를 타다 → _____

(8) 인기가 많은 식당에서 먹다 → _____

<table>
<tr><td>보기3</td><td>가깝다 / 온천도 할 수 있다
(近い / 温泉も入れる)</td><td>→ 가까우면서 온천도 할 수 있어요.</td></tr>
</table>

(9) 넓다 / 깨끗하다 → _____

(10) 예쁘다 / 가격도 싸다 → _____

(11) 책을 읽다 / 커피를 마시고 있다 → _____

(12) 노래를 부르다 / 춤도 출 수 있다 → _____

<table>
<tr><td>보기4</td><td>그런 호텔이 있다 / 몰랐다
(そんなホテルがある / 知らなかった)</td><td>→ 그런 호텔이 있는지 몰랐어요.</td></tr>
</table>

(13) 저녁에 어디에 가다 / 알고 있다 (?) → _____

(14) 감기 때문이다 / 계속 머리가 아프다 → _____

(15) 내일 몇 시에 만나다 / 알다 (?) → _____

(16) 이 물을 마셔도 괜찮다 / 모르겠다 → _____

❶ 다음 대화를 읽고 내용과 일치하는 것을 고르세요.

次の会話の内容と一致するものを選びなさい。

> 직원　어서 오십시오. 무엇을 도와드릴까요?
>
> 준호　내일 케이블카 표를 예약하고 싶은데요.
>
> 직원　케이블카는 비가 심하게 오거나 바람이 많이 불면 운행을 못 합니다.
> 　　　그래서 예약은 할 수 없고, 당일 표만 살 수 있습니다.
>
> 준호　아, 예약이 안 되는지 몰랐네요. 그럼 오늘 표로 3장 주세요.
>
> 직원　성인 세 분이십니까?
>
> 준호　아니요. 성인 2명하고 어린이 1명입니다.
>
> 직원　성인은 11,000원, 어린이는 7,000원으로 모두 29,000원입니다.
>
> 준호　아, 돌아오는 표도 지금 사는 게 좋을 것 같네요. 같이 주세요.
>
> 직원　케이블카 표는 왕복으로만 판매하고 있습니다.
> 　　　29,000원이 왕복 요금입니다. 즐거운 여행 되십시오.
>
> ・케이블카 ロープウェー　・심하게 激しく　　　・운행 (하다) 運行 (する)　・당일 当日
> ・어린이 子供　　　　　・돌아오다 戻る, 帰ってくる　・왕복 往復　　　　　・판매 (하다) 販売 (する)

① 준호 씨는 내일 케이블카 티켓을 샀습니다.

② 준호 씨는 혼자서 케이블카를 탈 것입니다.

③ 케이블카 티켓은 왕복으로만 살 수 있습니다.

④ 케이블카 티켓 요금은 어린이와 어른이 같습니다.

❷ 다음 여행 상품 설명을 읽고, 내용과 <u>일치하지 않는 것</u>을 고르세요.

次の旅行商品の説明内容と一致しないものを選びなさい。

> ### KTX로 떠나는 〈단풍 기차 여행〉
>
> 설악산의 단풍과 속초의 바다를 함께 즐겨 보세요!
> 당일 여행 가능, 1박 2일 이상 일정 변경도 가능
> 자세한 일정은 담당자에게 전화로 문의하세요.
> 우리여행사 ☎ 02-2345-6789　（담당자 : 김민수）
>
> ・속초 束草市 (地名)　・일정 日程　・변경 変更　・자세하다 詳しい
> ・담당자 担当者　　　・문의하다 問い合わせる

① 기차를 타고 바다에 갈 수 있습니다.

② 하루 이상 여행을 할 수도 있습니다.

③ 김민수 씨가 여행사로 전화를 합니다.

④ 단풍놀이를 하고 바다도 구경할 수 있습니다.

❸ 다음 글의 내용과 일치하면 ○, 다르면 X 하세요.
次の文章と内容が一致すれば○，違っていれば X を付けなさい。

> 지난 주말에 어머니와 남이섬에 갔습니다.
>
> 서울에서 가까우면서 경치가 아름다운 곳이라서 관광객이 많았습니다.
>
> 남이섬은 드라마의 촬영 장소로도 아주 유명한 곳입니다.
>
> 우리는 남이섬에서 단풍을 구경하고, 가평에 가서 닭갈비를 먹었습니다.
>
> 가평에서는 번지 점프도 할 수 있었습니다.
>
> 저는 번지 점프를 해 본 적이 없어서 한번 도전해 보기로 했습니다.
>
> 그런데 번지 점프를 하는 곳이 그렇게 높은지 몰랐습니다.
>
> 막상 위에 올라가니까 너무 무서워서 눈물이 날 것 같았습니다.
>
> 결국 다음에 다시 도전하기로 했습니다.
>
> • 남이섬 南怡島 (地名)　• 관광객 観光客　• 촬영 撮影　• 가평 加平郡 (地名)
> • 닭갈비 タッカルビ　• 번지 점프 バンジージャンプ　• 도전하다 挑戦する　• 막상 実際に, 現に
> • 올라가다 上がる, 登る　• 눈물이 나다 涙が出る　• 결국 結局

(1) 이 사람은 혼자 남이섬에 갔어요.　　　　　　　　(　　　)

(2) 남이섬에는 사람들이 많지 않았어요.　　　　　　(　　　)

(3) 번지 점프를 하는 곳은 아주 높았어요.　　　　　(　　　)

(4) 이 사람은 번지 점프를 한 적이 있어요.　　　　(　　　)

(5) 이 사람은 지난 주말에 단풍놀이를 했어요.　　(　　　)

(6) 이 사람은 번지 점프를 하고 닭갈비를 먹었어요.　(　　　)

❹ 여행 감상문을 써 보세요. 旅行感想文を書きなさい。

_____

_____

_____

_____

_____

1 - 3 다음의 대화를 듣고 질문에 맞는 답을 고르세요. 次の会話を聞いて各問いに答えなさい。

◎ 79 **1** 오늘 날씨는 어떻습니까?

① 　　　② 　　　③ 　　　④

◎ 80 **2** 남자는 주말에 어디에 갑니까?

① 　　　② 　　　③ 　　　④

◎ 81 **3** 여자는 어떤 숙소를 예약하려고 합니까?

　① 펜션　　　　　　　　　② 템플 스테이

　③ 게스트 하우스　　　　　④ 한옥 스테이

4 - 5 다음의 대화를 듣고 내용과 일치하는 것을 고르세요.
次の会話を聞いて内容が一致するものを選びなさい。

◎ 82 **4** ① 남자는 혼자 운동을 합니다.

　② 여자는 운동을 하고 싶습니다.

　③ 여자는 오늘 시간이 있습니다.

　④ 두 사람은 오늘 같이 배드민턴을 칩니다.

◎ 83 **5** ① 남자는 지금 학교에 전화를 할 것입니다.

　② 여자는 학교 주변 식당을 잘 알고 있습니다.

　③ 두 사람은 인터넷으로 식당을 예약했습니다.

　④ 두 사람은 오늘 같이 저녁을 먹으러 갈 예정입니다.

게스트 하우스	ゲストハウス	신혼여행	新婚旅行
결국	結局，とうとう	싱글 룸	シングルルーム
고층	高層	알아보다	調べる，探る
관광객	観光客	어린이	子供
국내	国内	얼마나	どれくらい，いくらぐらい
그 외	その他	온돌방	オンドル部屋
금연 (실)	禁煙 (室)	온천	温泉
꽃구경	花見	올라가다	登る，上がる
눈물	涙	왕복	往復
눈물이 나다	涙が出る	운행 (하다)	運行 (する)
단풍	紅葉	원하다	願う，望む
단풍놀이 (하다)	紅葉狩り (する)	일정	日程
닭갈비	タッカルビ	자세하다	詳しい，細かい
담당자	担当者	자유	自由
당일	当日	저층	低層
더블 룸	ダブルルーム	제외	除外
도시락	弁当	조식	朝食
도전하다	挑戦する	졸업식	卒業式
돈이 들다	お金が掛かる	종류	種類
돌아오다	戻る，帰ってくる	주변	周辺
막상	実際に，現に	주차	駐車
무박	日帰り (無泊)	중식	昼食
문의하다	問い合わせる	촬영	撮影
물놀이 (하다)	水遊び (する)	추가 (하다)	追加 (する)
박	泊	케이블카	ケーブルカー，ロープウェー
번지 점프	バンジージャンプ	템플 스테이	テンプルステイ，宿坊
변경	変更	트윈 룸	ツインルーム
보이다	見える，見せる，示す	판매 (하다)	販売 (する)
상품	商品	펜션	ペンション (民宿風の小さいホテル)
새롭다	過去の思い出が新ただ，新しい	한옥 스테이	韓屋ステイ (韓国固有の在来式の家屋)
석식	夕食	해외여행	海外旅行
성격	性格	확인하다	確認する，確かめる
수영복	水着	흡연 (실)	喫煙 (室)
숙박	宿泊	1인실	1人室，一人部屋
숙소	宿所，宿	2인실	2人室，二人部屋
시설	施設		

제10과 궁금한 건 뭐든지 물어보십시오.

어휘와 표현 ◆◆◆

🎧 84 〈 가족, 친척 〉

     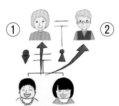

①형제 ②자매 ③남매　①남편 ②아내　①시어머니 ②시아버지 ③며느리　①외할머니 ②외할아버지

 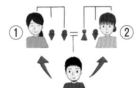 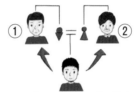 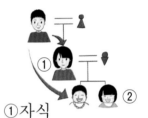

①조카　②사촌　　①고모 ②이모　　①삼촌 ②외삼촌　　①자식 ②손주 (손자, 손녀)

🎧 85 〈 이벤트 / 기념일 〉

설날　　추석　　돌잔치　　결혼기념일　　유치원 입학식

환영회　　송별회　　동창회　　회식　　성인식 (성년의 날)

명절을 맞다　결혼식을 올리다　잔치를 열다　친척이 모이다　파티에 참석하다

🎧 86 〈 敬語② 〉

	높임말		높임말		높임말 / 낮춤말
어머니	어머님	딸	따님	물어보다	여쭈어보다
아버지	아버님	아들	아드님	데려오다	모시고 오다
부모	부모님	어른	어르신	우리	저희

어휘와 표현

연습 1 다음의 〈박기범 씨 가족〉을 보고 물음에 답하세요. 次の家系図を参考に問いに答えなさい。

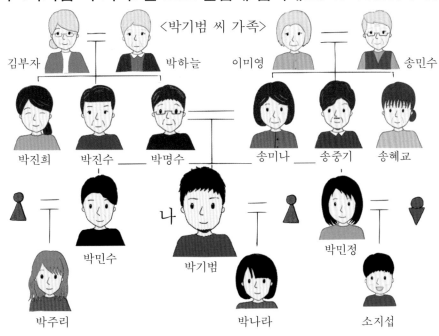

[보기] 송미나 씨의 시어머니는 누구입니까? → 김부자 씨입니다.

(1) 이미영 씨의 손녀는 누구입니까? → _____

(2) 송민수 씨의 아내는 누구입니까? → _____

(3) 박기범 씨의 외삼촌은 누구입니까? → _____

(4) 김부자 씨의 며느리는 누구입니까? → _____

(5) 박주리 씨의 사촌 여동생은 누구입니까? → _____

연습 2 〈보기〉와 같이 알맞은 것을 연결하세요. 例のように最も適切なものを選びなさい。

[보기] 가족 모임을 갖다 ●   ● パーティーに出席する

(1) 결혼식을 올리다 ●   ● 結婚式を挙げる

(2) 유치원에 입학하다 ●   ● 祝宴を催す

(3) 잔치를 열다 ●   ● 家族の会合を持つ

(4) 파티에 참석하다 ●   ● 親戚が集まる

(5) 친척이 모이다 ●   ● 幼稚園に入園する

문형 A

1 -는군요, -군요 (〜ですね)

自分で経験したことや他人から聞いて知ったことについて驚きや感嘆を表す時に用いる。動詞の基本形の「-다」を取り除いた後に「-는군요」を付ける。形容詞の場合は「-군요」を付ける。過去形として用いる場合は「-았/었군요」となる。名詞の後は「-(이)군요」になる。

> [보기1] 요즘 일이 무척 바쁘시군요.　　　　　　　　　　(最近仕事が大変お忙しいんですね。)
> [보기2] 주말마다 친척들이 모이는군요.　　　　　　　　　(週末ごとに親戚の人が集まるんですね。)
> [보기3] 민지 씨와 연락이 안 돼서 걱정하고 있었는데 해외여행을 갔군요.
> 　　　　(ミンジさんと連絡が取れず心配していましたが海外旅行に出かけたんですね。)

[연습1] 次の表を完成させなさい。（＊変則）

基本形	-는군요
마시다	
좋아하다	
만들다＊	

基本形	-군요
맵다	
착하다	
재미있었다	

名詞	-(이)군요
친구다	
학생이다	
팬이었다	

[연습2] 「-는군요, -군요」を用いて次の文を完成させなさい。

> 例)　따님이 벌써 유치원에 입학하다　→　따님이 벌써 유치원에 입학하는군요.

1) 다음 주에 졸업 파티를 열다　　　　→ _____

2) 결혼기념일에 장미꽃을 선물하다　　→ _____

3) 아드님은 미나 씨에게 특별한 사람이다 → _____

　・장미 (꽃) バラ (の花)　　・선물하다 贈り物をする, プレゼントする　　・특별하다 特別だ

2 -아도/어도 돼요 (?) (〜てもいいです (か))

ある行動や状態に関する許可を表す際に用いる。動詞・形容詞の基本形の「-다」を取り除いた後の最後の音節の母音が「아」「오」の場合は「-아도 돼요?」を, その他の母音の場合は「-어도 돼요?」を付ける。許可を求める言い方に対して特定の行動を禁止したり制限したりする時は「-(으)면 안 돼요」を用いる。

> [보기1] 이것저것 여쭤봐도 돼요?　　　　　　　　　(あれこれ伺ってもいいですか。)
> [보기2] 결혼식에서 신부가 환하게 웃어도 돼요?　　(結婚式で新婦が明るく笑ってもいいですか。)
> [보기3] Q: 큰 소리로 말해도 돼요?　　　　　　　　(大きい声で話してもいいですか。)
> 　　　　A: 큰 소리로 말하면 안 돼요.　　　　　　(大きい声で話してはいけません。)

[연습1] 「-아도/어도 돼요?」と「-으면/면 안 돼요.」を用いて質疑応答の会話文を完成させなさい。

> 例)　사진을 찍다　　→　Q: 사진을 찍어도 돼요?　　A: 사진을 찍으면 안 돼요.

1) 밥그릇을 들고 먹다　　→ _____

2) 여기서 담배를 피우다　→ _____

3) 물건을 마음대로 만지다　→ _____

　・밥그릇 飯茶碗　　・(담배를) 피우다 (タバコを) 吸う　　・마음대로 勝手に　　・만지다 触る, 触れる

3 -으십시오/십시오 (～てください)

「-(으)세요」よりも格式ばった言い方で丁寧な命令の意味合いを持つ。動詞の基本形の「-다」を除いた後の
最後の音節が母音で終わる場合は「-십시오」を、子音で終わる場合は「-으십시오」を付ける。

> [보기1] 필요하신 건 뭐든지 말씀하십시오.　　　(必要なものは何でも仰ってください。)
> [보기2] 여기에 축하 메시지를 적으십시오.　　　(ここにお祝いのメッセージをお書きください。)
> [보기3] 힘들 때는 언제든지 저에게 전화를 거십시오.　(大変な時はいつでも私に電話をお掛けください。)

[연습 1] 次の表を完成させなさい。　(＊変則)

基本形	-으십시오/십시오	基本形	-으십시오/십시오	基本形	-으십시오/십시오
가다		앉다		걷다＊	
쓰다		읽다		돕다＊	
기다리다		받다		만들다＊	

[연습 2] 「-으십시오/십시오」を用いて次の文を完成させなさい。

> 例)　큰 소리로 떠들지 말다　→　큰 소리로 떠들지 마십시오.

1) 이 중에서 고르다　　　　　→ _____

2) 두 사람의 대화를 잘 듣다　　→ _____

3) 사진을 찍을 때는 환하게 웃다　→ _____

　・고르다 選ぶ　　・대화 対話. 会話

4 -고 나서 (～してから)

前の動作が終わってから次の行動が続くという意味で用いる。動詞の基本形の「-다」を取り除いた後に
「-고 나서」を付ける。また「-ㄴ/은 후에 (～した後に)」に言い換えることもできる。

> [보기1] 카탈로그를 보고 나서 상품을 선택하십시오.　(カタログを見てから商品を選択してください。)
> [보기2] 운동을 시작하고 나서 살이 많이 빠졌어요.　(運動を始めてから体重がかなり減りました。)
> [보기3] 우선 얘기를 듣고 나서 천천히 정해도 돼요.　(先に話を聞いてからゆっくり決めてもいいです。)
> 　　　(= 우선 얘기를 들은 후에 천천히 정해도 돼요.)

[연습 1] 「-고 나서」を用いて次の文を完成させなさい。

> 例)　영화를 보다 / 많이 울었다　→　영화를 보고 나서 많이 울었어요.

1) 아이를 낳다 / 살이 쪘다　　　　　　→ _____

2) 헤어지다 / 오랫동안 마음이 아팠다　　→ _____

3) 영화를 찍다 / 드라마를 찍을 예정이다　→ _____

　・(아이를) 낳다 (子供を) 産む　　・살이 찌다 太る　　・헤어지다 別れる　　・오랫동안 長い間

87

이모　남준아!

남준　어, 이모. 안녕하세요? 어디 가세요?

이모　응, 오늘 동창회 모임이 있어서 가는 중이야.

남준　아, 네~ 동창 모임이 있으시군요.

이모　너는 어디 가?

남준　저는 여기 선물 가게에서 선물을 좀 샀어요.

이모　그래? 오늘 무슨 특별한 날이야?

남준　내일이 부모님 결혼기념일이에요.

이모　그렇구나. 남준이가 어떤 선물을 샀는지 궁금한데 먼저 봐도 돼?

남준　아니요, 안 돼요. 비밀이에요.

- 그렇구나 そうなんだね (会話体)　　• 비밀 秘密

(가)	(나)
동창회 모임	외국에 가는 친구 송별회
동창 모임이 있다	송별 모임에 가다
부모님 결혼기념일	여자 친구 생일
먼저 보다	좀 보다
(다)	(라)
회사 회식	
식사 모임이 있다	
친한 선배 졸업식	
물어보다	

イベント会社

⊙ 88

직원 어서 오십시오. 저희 회사는 처음 오셨습니까?

마크 네. 어머님 생신 기념으로 파티를 열까 하는데요.
우선 이것저것 여쭤봐도 돼요?

직원 물론이지요. 궁금한 건 뭐든지 물어보십시오.

마크 파티 시간은 마음대로 정할 수 있어요?

직원 파티 시간은 점심과 저녁 시간 중에서 고르실 수 있습니다.

마크 그러면 장소를 정한 후에 다시 연락해야 돼요?

직원 초대 손님을 정하고 나서 장소를 결정하셔도 됩니다.

마크 그렇군요. 친절하게 알려 주셔서 고맙습니다.

• 물론 もちろん   • 그러면 そうすると   • 결정하다 決定する   • 그렇군요 そうなんですね

(가)
파티를 열다
궁금한 건 뭐든지 물어보다
파티 시간 / 점심과 저녁 시간
초대 손님을 정하다

(나)
특별한 이벤트를 하다
천천히 구경하시고 질문하다
이벤트 시간 / 오전과 오후
원하는 이벤트를 고르다

(다)
해외여행을 보내 드리다
먼저 상품 카탈로그를 받다
여행 기간 / 봄 , 여름 , 가을 , 겨울
여행 날짜를 선택하다

(라)

❶ 다음의 〈박기범 씨 가족〉을 보고 물음에 답하세요. 次の家系図を参考に問いに答えなさい。

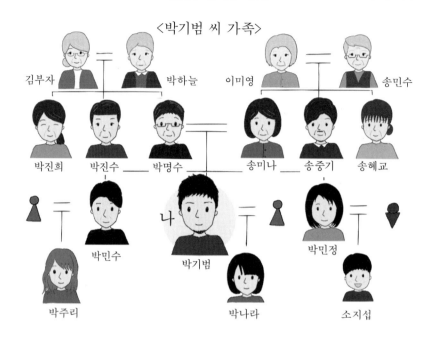

〈박기범 씨 가족〉

보기　　송민수 씨는 박민정 씨의 **외할아버지**입니다.

⑴ 박주리 씨는 박민정 씨의 _____입니다.

⑵ 박명수 씨는 송미나 씨의 _____입니다.

⑶ 송혜교 씨는 박민정 씨의 _____입니다.

⑷ 박나라 씨는 박명수 씨의 _____입니다.

⑸ 박하늘 씨는 송미나 씨의 _____입니다.

❷ 〈보기〉와 같이 주어진 단어를 바꿔 쓰세요. 例のように与えられた言葉を最も適切な敬語の表現に書き変えなさい。

보기　　오늘은 **저희** 시어머니 **생신**이었습니다.
　　　　　　(우리)　　　　(생일)

⑴　친척 _____들과 동네 _____들을 모시고 잔치를 열었습니다.
　　　　(사람)　　　　　　　　(어른)

⑵　_____의 _____은 올해 몇 살이세요?
　　(집)　　　　(딸)

⑶　선생님_____ 오늘 숙제에 대해서 _____?
　　　　(에게)　　　　　　　　　　　(물어보다[−아도/어도 돼요])

⑷　다음에는 꼭 _____을/를 _____.
　　　　　　(부모)　　　　　　(데려오다[−(으)십시오])

❸ <보기>와 같이 문장을 완성하세요. 例のように文を完成させなさい。

| 보기1 | 고등학교 동창들과 친하다 | → | 고등학교 동창들과 친하**군요**. |

(高校の同窓生等と親しい)

(1) 그 두 사람이 헤어졌다 　　　　　　　→ _____

(2) 주말마다 가족 모임을 갖다 　　　　　→ _____

(3) 그동안 살이 많이 빠졌다 　　　　　　→ _____

(4) 외삼촌이 무척 부지런하시다 　　　　→ _____

| 보기2 | 음악회에서 옆 사람과 대화하다 (音楽会で隣の人と会話する) |
→ 음악회에서 옆 사람과 대화**해도 돼요**?

(5) 시험 중에 잠을 자다 　　　　　　　　→ _____

(6) 아침 일찍 전화를 걸다 　　　　　　　→ _____

(7) 화장실에서 담배를 피우다 　　　　　→ _____

(8) 늦은 밤에 악기를 연주하다 　　　　　→ _____

| 보기3 | 밖이 추우니까 문을 꼭 닫다 | → | 밖이 추우니까 문을 꼭 닫**으십시오**. |

(外は寒いのでドアをしっかりと閉める)

(9) 창문을 활짝 열다 　　　　　　　　　→ _____

(10) 회사 회식에 꼭 참석하다 　　　　　→ _____

(11) 동네 어르신들도 모시고 오다 　　　→ _____

(12) 저희 부모님은 걱정하지 말다 　　　→ _____

| 보기4 | 그 사람을 만나다 / 사랑을 알았다 (その人に出会う/愛を知った) |
→ 그 사람을 만나고 **나서** 사랑을 알았습니다.

(13) 세수를 하다 / 이를 닦다 　　　　　→ _____

(14) 시험이 끝나다 / 여행을 가다 　　　→ _____

(15) 영화를 보다 / 식사를 할 것이다 　→ _____

(16) 매운 음식을 먹다 / 배가 아팠다 　→ _____

❶ **다음 대화를 읽고 물음에 답하세요.** 次の会話を読んで問いに答えなさい。

겐타	저기요, 여기가 김민지 씨 결혼식장이 맞아요?
직원	네, 맞습니다. 신부 친구 분이십니까?
	신부 친구 분은 오른쪽으로 가시면 됩니다.
겐타	네. 먼저 신부를 만나고 나서 들어갈게요.
	신부를 만나려면 어디로 가야 돼요?
직원	신부는 2층 신부 대기실에 계십니다. 저쪽 계단으로 올라가시면 됩니다.
겐타	이름은 여기에 적으면 돼요?
직원	네. 여기에 성함과 축하 메시지를 적어 주십시오.
겐타	식사는 어디에서 해요?
직원	결혼식이 끝나고 나서 하시거나 그 전에 3층 식당을 이용하셔도 됩니다.
겐타	결혼식 전에 식사를 먼저 해도 돼요?
직원	네. 결혼식 1시간 전부터 가능합니다.

• 결혼식장 結婚式場　　• 대기실 待合室　　• 계단 階段

(1) 겐타 씨는 지금 어디에 있습니까?

① 결혼식장　　　② 한국 식당　　　③ 생일 파티　　　④ 신부 대기실

(2) 위 대화의 내용과 일치하는 것을 고르세요. 会話の内容として正しいものを選びなさい。

① 겐타 씨는 오늘 결혼을 합니다.

② 겐타 씨는 친구 결혼식에 참석했습니다.

③ 신부 대기실은 결혼식장 3층에 있습니다.

④ 결혼식이 끝나고 나서 식사를 할 수 없습니다.

❷ **다음 초대장의 내용과 일치하는 것을 고르세요.** 次の招待状の内容として正しいものを選びなさい。

"신입생 환영회에 여러분을 초대합니다."

＊ 날짜 : 2021년 4월 8일 수요일

＊ 시간 : 오후 6시-8시

＊ 장소 : 학생 식당 2층

•신입생 新入生　　• 여러분 皆様

① 신입생 입학식 안내입니다.　　② 졸업 파티는 주말에 열릴 예정입니다.

③ 생일 파티는 낮에 시작합니다.　　④ 신입생 환영회는 학생 식당에서 합니다.

❸ 다음 이메일을 읽고 내용과 일치하면 ○, 다르면 X 하세요.

次のメールを読んで、内容が一致すれば○、違っていれば X を付けなさい。

받는 사람	한국어 반 학생 (korean-class@friends.com)
보낸 사람	우리대학교 한국어 수업 담당자 (marksmith@friends.com)
제 목	한국어 반 졸업 파티에 여러분을 초대합니다.

한국어 반 학생 여러분, 안녕하십니까?
이번 학기도 다음 주면 모든 수업이 끝납니다.
저희는 이번에 그동안 열심히 공부한 여러분을 위해 졸업 파티를 준비했습니다.
다음 주 목요일 수업이 끝나고 나서 학생 식당으로 와 주십시오.
파티는 저녁 7시부터 시작할 예정입니다.
참석 가능한 분들은 다음 주 월요일 오후 1시까지 저에게 답장을 보내 주십시오.
가족 분들도 함께 오셔도 됩니다.
파티에 대해서 질문이 있으시면 언제든지 연락해 주십시오.

• 모든 全ての

(1) 한국어 수업 담당자가 학생들에게 보낸 이메일입니다. (　　　　)

(2) 한국어 반 학생들만 졸업 파티에 참석할 수 있습니다. (　　　　)

(3) 한국어 반 학생들이 졸업 파티를 열 생각입니다. (　　　　)

(4) 파티에 참석하기 위해서는 전화로 연락을 해야 합니다. (　　　　)

(5) 파티에 가고 싶은 사람은 다음 주 목요일까지 답장하면 됩니다. (　　　　)

❹ 위 ❸번을 참고해서, 아는 사람에게 이메일을 써 보세요.

上記の❸を参考に、知り合いにメールを書きなさい。

받는 사람	
보낸 사람	
제 목	

1 - 3 다음 대화를 듣고 질문에 맞는 답을 고르세요. 会話を聞いて各問いに答えなさい。

89 **1** 두 사람은 이번 토요일에 무엇을 합니까?

① 송별회　　　　　　　　　　② 졸업식

③ 환영회　　　　　　　　　　④ 생일 파티

90 **2** 두 사람은 어떤 관계입니까? 二人はどんな関係ですか。

① 아내와 남편　　　　　　　② 할머니와 손자

③ 고모와 조카　　　　　　　④ 시아버지와 며느리

91 **3** 오늘 무슨 이벤트가 있습니까?

① 친구 결혼식　　　　　　　② 친척 모임

③ 조카 입학식　　　　　　　④ 부모님 결혼기념일

92 **4 - 5** 다음 대화를 듣고 질문에 맞는 답을 고르세요. 会話を聞いて各問いに答えなさい。

4 여기는 어디입니까?

① 유치원　　　　　　　　　　② 꽃 가게

③ 음악회　　　　　　　　　　④ 결혼식장

5 대화의 내용과 일치하는 것을 고르세요. 会話と内容が一致するものを選びなさい。

① 남자는 여자에게 꽃을 선물했습니다.

② 꽃은 하루 전까지 주문하면 배달이 가능합니다.

③ 여자는 남자에게 메시지 카드를 보내고 싶습니다.

④ 배달 시간은 하루 중에 마음대로 고를 수 있습니다.

語彙

결정 (하다)	決定 (する)	손녀	孫娘
결혼기념일	結婚記念日	손자	孫息子
결혼식	結婚式	손주	孫
결혼식을 올리다	結婚式を挙げる	송별	送別，見送り
결혼식장	結婚式場	송별회	送別会
고르다	選ぶ	시아버지	しゅうと (夫の父)
고모	おば (父方の)	시어머니	姑 (夫の母)
그러면	そうすると	신입생	新入生
그렇구나	そうなんだね	아내	妻，家内，女房
그렇군요	そうなんですね	아드님	ご子息 (他人の息子の敬称)
기념 (하다)	記念 (する)	어르신	お年寄り，ご老人
남매	兄と妹，弟と姉	언제든지	いつだって，いつでも
남편	夫	여러분	皆さん，皆様
(아이를) 낳다	(子供を) 産む	여쭈어보다 (여쭤보다)	伺う
담배를 피우다	タバコを吸う	오랫동안	長い間
대기실	待合室	외삼촌	おじ (母方の)
대화 (하다)	対話 (する)，会話 (する)	외할머니	母方の祖母
데려오다	連れてくる	외할아버지	母方の祖父
돌잔치	初誕生日のお祝い	유치원	幼稚園
동창 (생)	同窓 (生)，同学	음악회	音楽会
동창회	同窓会	이것저것	あれこれ
따님	お嬢様，お嬢さん，ご息女	이모	おば (母の姉，妹)
-마다	…ごとに，…度に，都度	이벤트	イベント
마음대로	勝手に，思うどおりに	입학식	入学式
만지다	触る，触れる	자매	姉妹
며느리	嫁，息子の妻	자식	子息，子，子供
명절	民族的な祝祭日 (元旦など)	잔치	宴，宴会，祝宴
명절을 맞다	祝祭日を迎える	잔치를 열다	祝宴を催す
모든	全ての	장미 (꽃)	バラ (の花)
모시고 오다	迎える，連れ帰る	저희	私たち (「우리」の謙譲語)
모시다	仕える	정하다	定める，決める
모이다	集まる	조카	甥，姪
무척	非常に，とても	참석 (하다)	出席 (する)，参席 (する)
물론	もちろん	초대장	招待状
뭐든지	何でもかんでも，何だって	추석 (秋夕)	陰暦 8 月 15 日の名称，中秋
밥그릇	飯茶碗	축하	祝賀，祝い
비밀	秘密	친척	親戚，親類，身内
사촌	従兄弟	카탈로그	カタログ
살이 빠지다	痩せる	특별하다	特別だ
살이 찌다	太る	헤어지다	別れる，離れる
삼촌	おじ (父の兄弟)	형제	兄弟
선물하다	贈りものをする，プレゼントする	환영회	歓迎会
선택하다	選択する，選ぶ	환하게	明るく
설날	元旦，元日	회식	会食 (食事会・飲み会)
성인식 (성년의 날)	成人式 (成人の日)		

제1과
한국에 유학을 가려고 해요.

■ p. 3

연습 1
(1) 아나운서 방송국 – 뉴스를
전하다
(2) 교사 – 중학교 – 중학생을
가르치다
(3) 간호사 – 병원 – 환자를 돌보다
(4) 관광 가이드 – 관광지 – 관광지를
소개하다

연습 2
(1) 교사 / 교수
(2) 연예인이
(3) 화가
(4) 방송국
(5) 관광 가이드를 하고 싶어요. /
관광 가이드가 되고 싶어요. /
관광 가이드예요.

■ p. 4

문형A

1 연습 1

基本形	-으려고/려고
하다	하려고
보다	보려고
배우다	배우려고

基本形	-으려고/려고
읽다	읽으려고
먹다	먹으려고
마시다	마시려고

基本形	-으려고/려고
입다	입으려고
듣다 *	들으려고
열다 *	열려고

1 연습 2
1) 돈을 찾으려고 은행에 갔어요. /
~ 갔습니다.
2) 장갑을 사려고 가게에 가요. /
~ 갑니다.
3) 드레스를 입으려고 다이어트를
해요. / ~합니다.

2 연습 1
1) 음악을 듣거나 신문을 읽어요. /
~ 읽습니다.
2) 여행을 떠나거나 등산을 가요. /
~ 갑니다.
3) 뉴스를 검색하거나 신문을 찾아봐요. /
~ 찾아봅니다.

■ p. 5

문형B

3 연습 1

基本形	-는데, 은데/ㄴ데
하다	하는데
읽다	읽는데
마시다	마시는데

基本形	-는데, 은데/ㄴ데
듣다	듣는데
있다	있는데
싸다	싼데

基本形	-는데, 은데/ㄴ데
많다	많은데
덥다 *	더운데
길다 *	긴데

3 연습 2
1) 값은 비싼데 편리해요. /
~ 편리합니다.
2) 조금 매운데 정말 맛있어요. /
~ 맛있습니다.
3) 어제 일찍 잤는데 아직 피곤해요. /
~ 피곤합니다.

4 연습 1
1) 밥을 먹기 위해서 손을 씻어요. /
~ 씻습니다.
2) 파티를 하기 위해서 케이크를
샀어요. / ~ 샀습니다.
3) 배낭여행을 가기 위해서 여행사를
찾아봤어요. / ~ 찾아봤습니다.

■ p. 8-9

과제1 어휘와 표현/문형 연습
1.
(1) 미술관
(2) 운전사
(3) (초등)학교
(4) 간호사, 환자
(5) 관광 가이드, 여행사
(6) 화가는 그림을 그려요. /
화가는 예술 작품을 만들어요.

2.
(1) 어떻게
(2) 후에
(3) 어떤
(4) 는요
(5) 처럼, 되고

3.
(1) 학교에 가려고 버스를 타요. /
~ 탑니다.

(2) 택배를 보내려고 편의점에 가요. /
~ 갑니다.
(3) 과자를 만들려고 우유를 사요. /
~ 삽니다.
(4) 악기를 배우려고 문화 교실에
다녀요. / ~ 다닙니다.
(5) 자전거를 타거나 걸어서 와요. /
~ 옵니다.
(6) 책을 읽거나 커피를 마셔요. /
~ 마십니다.
(7) 노래를 부르거나 피아노를 쳐요. /
~ 칩니다.
(8) 방송을 보는데 친구가 나왔어요. /
~ 나왔습니다.
(9) 장갑이 예쁜데 너무 비싸요. /
~ 비쌉니다.
(10) 집에 가고 싶은데 아직 일이
많아요. / ~ 많습니다.
(11) 작품을 만드는데 시간이 많이
걸려요. / ~ 걸립니다.
(12) 만화가가 되기 위해서 학원에
다녀요. / ~ 다닙니다.
(13) 예술 작품을 보기 위해서 미술관에
갔어요. / ~ 갔습니다.
(14) 관광 가이드가 되기 위해서
자격증을 땄어요. / ~ 땄습니다.
(15) 한국어 말하기 대회에 나가기
위해서 연습을 해요. / ~ 합니다.

■ p. 10-11

과제2 읽고 쓰기
1.
(1) ③ (2) ③

2.
음악을 듣거나, 자고 싶어요,
미술관에 가려고, 고등학교 선배,
쉬고 싶어요

3.
(1) 영어 선생님 / 교사(입니다.)
(2) ① ○ ② × ③ × ④ ×

■ p. 12

과제3 듣기
1.
(1) ② (2) ② (3) ③ (4) ④

2.
(1) ② (2) ③

3.
(1) ② (2) ①

제2과
봉사 활동을 해 보고 싶어요.

■ p. 15

연습 1
(1) 댄스부
(2) 합창부
(3) 연극부
(4) 배드민턴부
(5) 로봇

연습 2
〈橫〉
1. 굉장하다 2. 부럽다 3. 무섭다
4. 기쁘나 5. 지루히디(심심히디)
6. 답답하다
〈縱〉
1. 즐겁다   2. 부끄럽다
3. 긴장하다/긴장되다   5. 행복하다

■ p. 16

문형A
1 연습 1
1) 오늘은 날씨가 아주 덥네요.
2) 태형 씨는 정말 멋있네요.
3) 강아지가 피아노를 치네요.

2 연습 1

基本形	-을 때/ㄹ 때
배우다	배울 때
기쁘다	기쁠 때
심심하다	심심할 때

基本形	-을 때/ㄹ 때
받다	받을 때
읽다	읽을 때
마시다	마실 때

基本形	-을 때/ㄹ 때
걷다 *	걸을 때
즐겁다 *	즐거울 때
만들다 *	만들 때

2 연습 2
1) 짜증이 날 때 만화를 봅니다. /
   ~ 봐요.
2) 한국에 살 때 한국어를 배웠습니다. /
   ~ 배웠어요.
3) 고향이 그리울 때 가족 사진을
   봅니다. / ~ 봐요.

■ p. 17

문형B
3 연습 1

1) 어제 한복을 입어 봤어요. /
   ~봤습니다.
2) 작년에 김치를 만들어 봤어요. /
   ~봤습니다.
3) 어릴 때 비행기를 타 봤어요. /
   ~봤습니다.

4 연습 1

基本形	-을게요/ㄹ게요
가다	갈게요
마시다	마실게요
일어나다	일어날게요

基本形	-을게요/ㄹ게요
읽다	읽을게요
닫다	닫을게요
씻다	씻을게요

基本形	-을게요/ㄹ게요
돕다 *	도울게요
듣다 *	들을게요
열다 *	열게요

4 연습 2
1) 여기에 앉을게요.
2) 나중에 다시 찾아볼게요.
3) 학교 앞에서 기다릴게요.

■ p.20-21

과제 1 어휘와 표현/문형 연습
1.
(1) 댄스   (2) 합창   (3) 만화   (4) 연극

2.
(1) 외로워요 / 외롭습니다
(2) 심심했어요 / 심심했습니다
(3) 떨려요 / 떨립니다
(4) 기뻐요 / 기쁩니다
(5) 짜증이 나요 / 짜증이 납니다

3.
(1) 정말 부럽네요.
(2) 진짜 떨리네요.
(3) 너무 불쌍하네요.
(4) 많이 보고 싶네요.
(5) 힘들 때는 맛있는 음식을 먹어요. /
   ~ 먹습니다.
(6) 지루할 때는 텔레비전을 봐요. /
   ~ 봅니다.
(7) 사진을 찍을 때는 공원에 가요. /
   ~ 갑니다.
(8) 태권도를 배워 보고 싶어요.
(9) 이 노래를 들어 보고 싶어요.
(10) 배드민턴을 쳐 보고 싶어요.
(11) 다른 나라에서 살아 보고 싶어요.
(12) 이따가 전화할게요.

(13) 지금 이를 닦을게요.
(14) 창문을 열게요.

■ p.22-23

과제2 읽고 쓰기
1. (1) ④   (2) ②

2.
불꽃, 일본, 배드민턴, 6시(여섯 시),
여의도역, 내일 오후 6시(여섯 시)

3.
(1) 연극 (동아리 활동을 합니다.)
(2) ① ○   ② ×   ③ ○   ④ ×

■ p. 24

과제3 듣기
1. ③   2. ④   3. ③   4. ①   5. ②

제3과
어머니 생신 선물을 사러 가요.

■ p. 27

연습 1
(1) 나이-연세
(2) 이름-성함
(3) 집-댁
(4) 생일-생신
(5) 밥-진지

연습 2
(1) 계세요
(2) 댁
(3) 드세요
(4) 께, 말씀드렸어요
(5) 성함
(6) 연세가 어떻게 되세요?

연습 3
(1) 분홍색
(2) 파란색
(3) 초록색
(4) 검은색 / 까만색

■ p. 28

문형A
1 연습 1

基本形	-으러/러
만나다	만나러
가르치다	가르치러

基本形	-으러/러
찾다	찾으러
찍다	찍으러

基本形	-을 때/ㄹ 때
듣다 *	들으러
만들다 *	만들러

1 연습 2
1) 옷을 바꾸러 갔어요. / ~ 갔습니다.
2) 교과서를 받으러 왔어요. /
   ~ 왔습니다.
3) 여권을 만들러 가요. / ~ 갑니다.

2 연습 1

基本形	-을래요/ㄹ래요
사다	살래요
배우다	배울래요

基本形	-을래요/ㄹ래요
앉다	앉을래요
신다	신을래요

基本形	-을래요/ㄹ래요
돕다 *	도울래요
살다 *	살래요

2 연습 2
1) 내일 다시 올래요?
2) 같이 음악을 들을래요?
3) 파티에서 한복을 입을래요.

■ p. 29

문형B

3 연습 1

基本形	-으십니다/십니다
가다	가십니다
그리다	그리십니다
아프다	아프십니다

基本形	-으십니다/십니다
찾다	찾으십니다
앉다	앉으십니다
많다	많으십니다

基本形	-으십니다/십니다
돕다 *	도우십니다
듣다 *	들으십니다
알다 *	아십니다

3 연습 2
1) 이곳에 사십니까? / ~ 사세요?
2) 많이 피곤하십니까? /
   ~ 피곤하세요?
3) 어른들은 별로 안 좋아하십니다. /
   ~ 좋아하세요.

4 연습 1
1) 창문을 열어 주세요.
2) 표를 예매해 주세요.
3) 잠시만 기다려 주세요.

■ p. 32-33

과제 1 어휘와 표현/문형 연습
1.
(1) 연세, 되세요
(2) 댁, 세요
(3) 드셨어요 / 잡수셨어요
(4) 이세요
(5) 계세요

3.
(1) 공원에 사진을 찍으러 가요. /
   ~ 갑니다.
(2) 우체국에 편지를 보내러 가요. /
   ~ 갑니다.
(3) 문화 교실에 김치를 만들러 가요. /
   ~ 갑니다.
(4) 손을 씻을래요.
(5) 커피를 마실래요.
(6) 같이 노래방에 갈래요?
(7) 선생님께서 음악을 들으십니다. /
   ~ 들으세요.
(8) 어머니께서 한복을 입으십니다. /
   ~ 입으세요.
(9) 아버지께서 신문을 보십니다. /
   ~ 보세요.
(10) 할아버지께서 주무십니다. /
   ~ 주무세요.
(11) 할머니께서 빵을 드십니다. /
   ~ 드세요. / ·· 잡수십니다. /
   ~ 잡수세요.
(12) 선물을 받아 주세요.
(13) 한번만 만나 주세요.
(14) 그 편지를 읽어 주세요.

■ p. 34-35

과제2 읽고 쓰기
1.
(1) ①　(2) ②

2.
바쁘세요, 어머니, 생신, 어머님,
사세요, 오실

3.
(1) 어버이날
(2) ① ×　② ○　③ ○

■ p. 36

과제3 듣기
1. ①　2. ③　3. ③　4. ③　5. ②

■ p. 39

제4과
감기에 걸려서 못 가요.

연습 1
(1) 통증이-심하다
(2) 상처가-생기다
(3) 팔을-다치다
(4) 콧물이-나오다

연습 2
(1) 나요
(2) 심해요
(3) 언제부터
(4) 어디가, 다리를
(5) 아프셨어요, 아팠어요
(6) 어떻게, 났어요

■ p. 40

문형A

1 연습 1

基本形	-아서/어서
보다	봐서
마시다	마셔서
맛있다	맛있어서

基本形	-아서/어서
재미없다	재미없어서
공부하다	공부해서
좋아하다	좋아해서

基本形	-아서/어서
듣다 *	들어서
낫다 *	나아서
예쁘다 *	예뻐서

1 연습 2
1) 코트를 입어서 따뜻해요. /
   ~ 따뜻합니다.
2) 날씨가 더워서 걱정이 돼요. /
   ~ 됩니다.
3) 상처가 나아서 기분이 좋아요. /
   ~ 좋습니다.

2 연습 1
1) 숙제가 많아서 못 놀아요. /
   ~ 놉니다.
2) 다른 약속이 있어서 못 만나요. /
   ~ 만납니다.
3) 목이 아파서 노래를 못 해요. /
   ~ 합니다.

■ p. 41

문형B
3 연습 1
1) 옆 사람에게 말을 걸지 마세요.
2) 박물관에서 사진을 찍지 마세요.
3) 수업 중에 휴대폰을 보지 마세요.

4 연습 1

基本形	-아야/어야 돼요(?)
오다	와야 돼요
먹다	먹어야 돼요
마시다	마셔야 돼요

基本形	-아야/어야 돼요(?)
이를 닦다	이를 닦아야 돼요
음악을 듣다 *	음악을 들어야 돼요
편지를 쓰다 *	편지를 써야 돼요

4 연습 2
1) 돈을 벌어야 돼요. /
   돈을 벌어야 해요.
2) 약속을 지켜야 돼요. /
   약속을 지켜야 해요.
3) 3일 동안 치료를 받아야 돼요. /
   3일 동안 치료를 받아야 해요.

■ p. 44-45

과제 1 어휘와 표현/문형 연습
1.
(1) 병원
(2) 소화제
(3) 감기약
(4) 치과
(5) 감기

2.
(1) 건강에 좋다-건강에 나쁘다
(2) 열이 있다-열이 없다
(3) 몸이 건강하다-몸이 아프다
(4) 상처가 낫다-상처가 생기다
(5) 기침을 하다-기침을 참다

3.
(1) 치료를 받다
(2) 병문안을 가다
(3) 몸이 건강하다
(4) 상처가 낫다
(5) 통증이 심하다

4.
(1) 배가 아파서 병원에 가요. /
   ~ 갑니다.
(2) 날씨가 더워서 집에서 쉬었어요. /
   ~ 쉬었습니다.
(3) 치료를 받아서 지금은 괜찮아요. /
   ~ 괜찮습니다.

(4) 이사를 해서 너무 힘들었어요. /
   ~ 힘들었습니다.
(5) 배탈이 나서 밥을 못 먹어요. /
   ~ 먹습니다.
(6) 내일 일이 있어서 못 만나요. /
   ~ 만납니다.
(7) 감기에 걸려서 학교에 못 가요. /
   ~ 갑니다.
(8) 공부를 안 해서 시험을 못 봤어요. /
   ~ 봤습니다.
(9) 아프지 마세요.
(10) 너무 걱정하지 마세요.
(11) 커피를 많이 마시지 마세요.
(12) 옆 사람과 큰 소리로 말하지 마세요.
(13) 약을 먹고 푹 쉬어야 돼요.
(14) 식사 후에 바로 약을 먹어야 돼요.
(15) 무릎을 다쳐서 치료를 받아야 돼요.
(16) 듣기 시험 동안 기침을 참아야 돼요.

■ p. 46-47

과제2 읽고 쓰기
1. (1) ④ (2) ②

2.
치료를 받아서, 가야 돼요, 한국에
와서, 마중을 가야, 무리하지 마세요

3. (1) × (2) × (3) ×

■ p. 48

과제3 듣기
1. (1) ① (2) ③ (3) ③ (4) ④
2. ③
3. ②
4. ②

제5과
배로 보내면 한 달 정도 걸려요.

■ p. 51

연습 1
(1) 정류장에서 - 버스를 - 기다리다
(2) 우체국에서 - 짐을 - 부치다
(3) 대사관에서 - 여권을 - 만들다
(4) 은행에서 - 돈을 - 찾다
(5) 동물원에서 - 동물을 - 구경하다

연습 2
(1) 10日
(2) 4日
(3) 1日
(4) 2日
(5) 3ヶ月
(6) 5ヶ月
(7) 3日
(8) 6ヶ月(半年)

(9) 10ヶ月

연습 3
(1) 오래 기다리셨습니다.
(2) 각각 얼마나 걸려요?
(3) 이틀에서 사흘 정도 걸려요.
(4) 순서대로 안내해 드리겠습니다.
(5) 뭘 도와드릴까요?

■ p. 52

문형A
1 연습 1

基本形	-아서/어서
짐을 싸다	짐을 싸서
택배를 받다	택배를 받아서
영화를 보다	영화를 봐서

基本形	-아서/어서
도장을 찍다	도장을 찍어서
돈을 바꾸다	돈을 바꿔서
현금을 인출하다	현금을 인출해서

1 연습 2
1) 우표를 붙여서 편지를 부쳐요. /
   ~ 부칩니다.
2) 학생증을 가져와서 책을 빌려요. /
   ~ 빌립니다.
3) 경찰서에 가서 운전 면허증을
   만들어요. / ~ 만듭니다.

2 연습 1
1) 옷이 정말 예쁜데요.
2) 외국 돈을 환전하고 싶은데요.
3) 외국인 등록증을 만들어야 하는데요.

■ p. 53

문형B
3 연습 1
1) 책을 읽으면 잠이 와요. /
   ~ 옵니다.
2) 날씨가 좋으면 함께 공원에 가요. /
   ~ 갑니다.
3) 모르면 선생님께 질문해요. /
   ~ 질문합니다.
4) 노래를 들으면 춤을 추고 싶어요. /
   ~ 싶습니다.

4 연습 1

基本形	-는 (現在)	-ㄴ/은 (過去)
타다	타는	탄
닦다	닦는	닦은
공부하다	공부하는	공부한

基本形	-는 (現在)	-ㄴ/은 (過去)
듣다 *	듣는	들은
만들다 *	만드는	만든
기다리다	기다리는	기다린

4 연습 2
1) 사랑하는 사람, 사랑한 사람
2) 함께 걷는 길, 함께 걸은 길
3) 같이 노는 친구, 같이 논 친구

■ p. 56-57

과제 1 어휘와 표현/문형 연습
1.
(1) 도서관
(2) 경찰서
(3) 정류장
(4) 미술관
(5) 기차역

2.
(1) 체육관 – 운동하는 곳
(2) 도서관 – 책 빌리는 곳
(3) 은행 – 돈 찾는 곳
(4) 공항 – 비행기 타는 곳
(5) 우체국 – 소포 부치는 곳

3.
(1) 택배를 받다
(2) 번호표를 뽑다
(3) 환전하다
(4) 짐을 싸다
(5) 도장을 찍다

4.
(1) 병원에 가서 치료를 받아요. /
　 ~ 받습니다.
(2) 일찍 일어나서 산책해요. /
　 ~ 산책합니다.
(3) 선물을 포장해서 친구에게 줘요. /
　 ~ 줍니다.
(4) 편지를 써서 우체국에서 부쳐요. /
　 ~ 부칩니다.
(5) 지금 돈이 없는데요.
(6) 시험을 잘 봤는데요.
(7) 일이 아주 바쁜데요.
(8) 경찰서에서 전화가 왔는데요.
(9) 커피를 마시면 잠이 안 와요. /
　 ~ 옵니다.
(10) 방학이 되면 배낭여행을 가요. /
　 ~ 갑니다.
(11) 시간이 있으면 박물관에 가고
　 싶어요. / ~ 싶습니다.
(12) 다른 약속이 없으면 같이 밥을
　 먹어요. / ~ 먹습니다.
(13) 어제 읽은 책이 무엇이에요? /
　 ~ 무엇입니까?
(14) 아까 본 드라마가 뭐예요? /

~ 뭐입니까?
(15) 도장을 찍는 곳이 어디예요? /
　 ~ 어디입니까?
(16) 쓰레기를 버리는 곳이 어디예요? /
　 ~ 어디입니까?

■ p. 58-59

과제2 읽고 쓰기
1. (1) ①　(2) ①

2. (1) ○　(2) ×　(3) ×　(4) ×

3. (1) ①　(2) ④

4.
(1) 얼마나 걸려요? / ~ 걸립니까?
(2) 4일(나흘)에서 10일(열흘) 정도
　 걸려요. / ~ 걸립니다.
(3) 환전하고 싶은데요.
(4) 하루만 기다려 주세요.
(5) 표 파는 곳이 어디예요? /
　 ~ 어디입니까?

■ p. 60

과제3 듣기
1.
(1) ④　(2) ④　(3) ①　(4) ①

2.
(1) ③　(2) ④

3.
(1) ③　(2) ①

제6과
한국 드라마를 보고 있었어요.

■ p. 63

연습 1
(1) 다르다
(2) 강하다/세다
(3) 한가하다
(4) 어둡다
(5) 시끄럽다
(6) 뜨겁다

연습 2
(1) 두껍다
(2) 약하다
(3) 넓다
(4) 다르다
(5) 빠르다
(6) 차갑다
(7) 깨끗하다
(8) 밝다

연습 3
(1) 간단히
(2) 똑같이
(3) 자세히
(4) 깊이
(5) 특별히
(6) 활발히
(7) 멀리
(8) 조용히
(9) 정신없이
(10) 깨끗이

■ p. 64

문형A
1 연습 1

基本形	-게
세다	세게
밝다	밝게
쉽다	쉽게

基本形	-게
예쁘다	예쁘게
빠르다	빠르게
어둡다	어둡게

基本形	-게
뜨겁다	뜨겁게
깨끗하다	깨끗하게
복잡하다	복잡하게

1 연습 2
1) 크게 이름을 적어 주세요.
2) 맛있게 음식을 만들어 주세요.
3) 약속 시간에 맞게 집에서 출발해
　 주세요.

2 연습 1
1) 전화가 왔을 때 샤워를 하고
　 있었어요.
2) 지하철역 안에서 출구를 찾고
　 있었어요.
3) 고속 열차가 빠르게 지나가고
　 있었어요.

■ p. 65

문형B
3 연습 1
1) 고기보다 야채를 더 많이 먹어요. /
　 ~ 먹습니다.
2) 예상보다 시간이 훨씬 많이
　 걸렸어요. / ~ 걸렸습니다.
3) 뜨거운 커피보다 아이스커피를 더
　 자주 마셔요. / ~ 마십니다.

4 연습 1

基本形	-으니까/니까
하다	하니까
먹다	먹으니까
입다	입으니까

基本形	-으니까/니까
많다	많으니까
예쁘다	예쁘니까
재미없다	재미없으니까

基本形	-으니까/니까
걷다 *	걸으니까
춥다 *	추우니까
멀다 *	머니까

4 연습 2
1) 시내를 구경하고 싶으니까 천천히 오세요.
2) 아기가 낮잠을 자니까 조용히 들어오세요.
3) 언제나 잘 잊어버리니까 꼭 메모를 하세요.

■ p. 68-69

과제1 어휘와 표현/문형 연습
1.
(1) 차가운
(2) 좁아요
(3) 더러워요
(4) 두껍고 / 두꺼워서
(5) 약해요

2.
(1) 멀리
(2) 늦게
(3) 완전히
(4) 천천히
(5) 특히
(6) 깨끗이

3.
(1) 쉽게 말하지 마세요.
(2) 깨끗하게 방을 정리하세요.
(3) 예쁘게 선물을 포장해요.
(4) 귀엽게 사진을 찍고 싶어요.
(5) 어제 집에서 뭐 하고 있었어요?
(6) 학교 식당에서 점심을 먹고 있었어요.
(7) 그 여자는 흰색 안경을 쓰고 있었어요.
(8) 전화로 친구하고 이야기하고 있었어요.
(9) 밥보다 빵을 더 자주 먹어요.
(10) 긴 머리보다 짧은 머리가 더 좋아요.
(11) 고속 열차보다 고속버스가 더 느려요.
(12) 언니보다 여동생이 훨씬 더 키가 커요.
(13) 방이 더러우니까 깨끗이 청소해요.
(14) 배가 고프니까 먼저 밥부터 먹어요.
(15) 새로 산 구두를 신으니까 발이 아파요.
(16) 내일부터 연휴니까 푹 쉬려고 해요.

■ p. 70-71

과제2 읽고 쓰기
1.
(1) ②
(2) ④
(3) 동아리 모임(이 있었어요.)
(4) 무엇보다도 건강이 제일 중요해요.

2.
(1) ① × ② × ③ × ④ × ⑤ ○
(2) 드라마를 보고 있었어요,
전화 소리를 못 들었어요,
적은 메모를 잃어버렸어요,
장소, 시간

■ p. 72

과제3 듣기
1. ④
2. ③
3. ④
4. ③
5. (1) ①   (2) ①

제7과
전에 주문하신 적이 있으세요?

■ p. 75

연습 1
(1) 치킨(닭) 한 마리
(2) 양복 두 벌
(3) 밀가루 여덟 봉지
(4) 양말 다섯 켤레
(5) 짜장면(자장면) 네 그릇
(6) 피자 세 판

연습 2
주문하다 - 시키다,
돈을 주다 - 계산하다,
모두 팔리다 - 품절이다

연습 3
(가) ③ 양념을 넣다
(나) ④ 계란을 삶다
(다) ⑧ 기름에 튀기다
(라) ⑥ 당근을 썰다
(마) ⑤ 야채를 볶다
(바) ② 고기를 굽다
(사) ⑦ 사과를 깎다

■ p. 76

문형A
1 연습 1
1) 감자튀김이 많이 짜지요? / ~ 짜죠?
2) 상품권으로 계산할 수 있지요? /
~ 있죠?
3) 프라이드치킨 반 마리도
배달되지요? / ~ 배달되죠?

2 연습 1

基本形	-은/ㄴ 적이 있다
가다	간 적이 있다
보다	본 적이 있다
배우다	배운 적이 있다

基本形	-은/ㄴ 적이 있다
받다	받은 적이 있다
적다	적은 적이 있다
만나다	만난 적이 있다

基本形	-은/ㄴ 적이 있다
듣다 *	들은 적이 있다
돕다 *	도운 적이 있다
만들다 *	만든 적이 있다

2 연습 2
1) 감자를 썬 적이 있어요. / ~ 썬 적이 없어요.
2) 한국에서 한식을 먹은 적이 있어요. / ~ 먹은 적이 없어요.
3) 온라인에서 호텔 방을 예약한 적이 있어요. / ~ 예약한 적이 없어요.

■ p. 77

문형B
3 연습 1
1) 현금으로 환불해 주세요.
2) 내년에 독일로 떠나려고 해요.
3) 파티 날짜는 언제로 하지요? / ~ 하죠?

4 연습 1

基本形	-을까/ㄹ까 하다
자다	잘까 하다
주다	줄까 하다
자르다	자를까 하다

基本形	-을까/ㄹ까 하다
씻다	씻을까 하다
받다	받을까 하다
이사하다	이사할까 하다

基本形	-을까/ㄹ까 하다
찾다	찾을까 하다
살다 *	살까 하다
묻다 *	물을까 하다

4 연습 2
1) 감기에 걸려서 약을 먹을까 해요.
2) 시험이 끝나면 친구들과 놀까 해요.
3) 인터넷 사이트에서 화장품을 살까
　해요.

■ p. 80-81

과제1 어휘와 표현/문형 연습
1.
(1) 튀김을 – 기름에 튀기다
(2) 반찬을 – 그릇에 담다
(3) 양념을 – 넣다
(4) 생선을 – 굽다
(5) 토마토를 – 썰다

2.
(1) 분식집
(2) 영수증
(3) 배달
(4) 예약
(5) 음식
(6) 화장품, 품절

3.
(1) 두 마리
(2) 네 봉지를
(3) 열 켤레를
(4) 한 판을
(5) 세 벌을

4.
(1) 영화가 별로 재미없었지요? /
　~ 재미없었죠?
(2) 저 중국집 요리는 너무 달지요? /
　~ 달죠?
(3) 이번에 새로 생긴 일식집이지요? /
　~ 일식집이죠?
(4) 어린 아이가 노래를 아주 잘하지요? /
　~ 잘하죠?
(5) 한국 소설을 읽은 적이 있어요? /
　~ 있습니까?
(6) 손으로 음식을 먹은 적이 있어요? /
　~ 있습니까?
(7) K-POP 콘서트에 가 본 적이
　있어요? / ~ 있습니까?
(8) 하루에 물건이 모두 팔린 적이
　있어요? / ~ 있습니까?
(9) 이쪽으로 오세요.
(10) 프랑스로 여행을 기고 싶어요. /
　~ 싶습니다.
(11) 저녁으로 냉면을 먹을까요?
(12) 아나운서로 취직했어요. /
　~ 취직했습니다.
(13) 메일로 사진을 보낼까 해요.
(14) 점심으로 짬뽕을 먹을까 해요.
(15) 축제 때 한국 요리를 만들까 해요.
(16) 오랜만에 가족과 식사를 할까 해요.

■ p. 82-83

과제2 읽고 쓰기
1.
(1) ②　(2) ①

2.
(1) ① ○　② ×　③ ×　④ ×　⑤ ○
(2) 과일과 채소가 싸고 신선해서
　(인기가 많습니다.)

■ p. 84

과제3 듣기
1. ②　2. ②　3. ④　4. ③　5. ④

제8과
내일 한국 영화도 개봉할 예정이야.

■ p. 87

연습 1
(1) 편해요 / 편합니다
(2) 아름다워요 / 아름답습니다
(3) 똑똑해요 / 똑똑합니다
(4) 궁금해요 / 궁금합니다
(5) 울었어요 / 울었습니다

연습 2
(1) 학생이야.
(2) 맛있게 먹었어?
(3) 내 이름은 ○○○(이)야.
(4) 다음 주에 한국으로 돌아가.

■ p. 88

문형A
1 연습 1

基本形	-은/ㄴ 것 같다
짧다	짧은 것 같다
친절하다	친절한 것 같다
길다 *	긴 것 같다

基本形	-는 것 같다
재미있다	재미있는 것 같다
좋아하다	좋아하는 것 같다
울다 *	우는 것 같다

名詞	-인 것 같다
팬	팬인 것 같나
남자 친구	남자 친구인 것 같다
젊은 사람	젊은 사람인 것 같다

1 연습 2
1) 저분이 마크 씨 어머니인 것 같아요. /
　~ 같습니다.
2) 여자 주인공이 너무 불쌍한 것
　같아요. / ~ 같습니다.
3) 올해는 사과랑 귤이 맛있는 것
　같아요. / ~ 같습니다.
4) 그 사람은 동물을 싫어하는 것
　같아요. / ~ 같습니다.

2 연습 1
1) 바지가 좀 더 길면 좋겠어요.
2) 그런 재미있는 친구가 있으면
　좋겠어요.

■ p. 89

문형B
3 연습 1

基本形	-을/ㄹ
가다	갈
작다	작을
맛있다	맛있을

基本形	-을/ㄹ
보다	볼
예쁘다	예쁠
싫어하다	싫어할

基本形	-을/ㄹ
읽다	읽을
덥다 *	더울
알다 *	알

3 연습 2
1) 파티에서 드레스를 입을 생각이야.
2) 아이가 많이 즐거워할 것 같아.
3) 다음 주부터 살 집이야.
4) 기차가 출발할 시간이 되었어.

4 연습 1
1) 건강을 위해서 야채를 먹게
　되었어요. / ~ 되었습니다.
2) 한국 가수가 좋아서 한국 노래를
　듣게 되었어요. / ~ 되었습니다.
3) 친구가 너무 괴로워해서 같이 술을
　마시게 되었어요. / ~ 되었습니다.

■ p. 92-93

과제1 어휘와 표현/문형 연습
1.
(1) 공포 영화 – 무서운 이야기
(2) 코미디 영화 – 재미있는 이야기
(3) 로맨스 영화 – 사랑 이야기

2.
(1) 랑
(2) 대해서
(3) 그런
(4) 만
(5) 으로

3.
(1) 응
(2) 아니
(3) 가
(4) 먹어

4.
(1) 착한 사람인 것 같아요. / ~ 같습니다.
(2) 영화를 많이 보는 것 같아요. /
　~ 같습니다.
(3) 선물로 가방을 받는 것 같아요. /
　~ 같습니다.
(4) 저 사람은 아주 똑똑한 것 같아요. /
　~같습니다.
(5) 열심히 공부하겠습니다. /
　~ 공부하겠어요.
(6) 부모님의 마음을 알겠습니다. /
　~ 알겠어요.
(7) 좀 더 부지런하면 좋겠습니다. /
　~ 좋겠어요.
(8) 내일부터 학교에 일찍 오겠습니다. /
　~ 오겠어요.
(9) 내일 만날 친구야.
(10) 저녁에 갈 식당이야.
(11) 생일 파티 때 먹을 케이크야.
(12) 기차에서 읽을 잡지야.
(13) 한국 드라마를 보게 되었어(됐어).
(14) 매운 음식을 먹게 되었어(됐어).
(15) 영어 공부를 시작하게 되었어(됐어).
(16) 그 사람 때문에 많이 웃게 되었어(됐어).

■ p. 94-95

과제2 읽고 쓰기

1. (1) ②　(2) ④

2. ③

3.
(1)×　(2)×　(3)○　(4)○　(5)×　(6)○

4.
영화였어, 좋았어, 훌륭했어,
기억에 남아, 아버지가 너무 불쌍했어,
지루하지 않았어,　추천하고 싶어

■ p. 96

과제3 듣기
1. ②　2. ④　3. ②　4. ①　5. ③

제9과
친구들이랑 여행을 가기로 했어요.

■ p. 100

문형A
1 연습 1
1) 다음 주에 같이 놀기로 했어요. /
　~ 했습니다.
2) 이번에 수영복을 사기로 했어요. /
　~ 했습니다.
3) 점심에는 도시락을 먹기로 했어요. /
　~ 했습니다.
4) 오늘은 즐거운 노래를 듣기로 했어요. /
　~ 했습니다.

2 연습 1

基本形	-으려면/려면
사다	사려면
기다리다	기다리려면
공부하다	공부하려면

基本形	-으려면/려면
찾다	찾으려면
입다	입으려면
신다	신으려면

基本形	-으려면/려면
듣다 *	들으려면
알다 *	알려면
돕다 *	도우려면

2 연습 2
1) 이곳을 걸으려면 운동화를 신어야 해요. /
　~ 합니다.
2) 오늘 도착하려면 지금 출발해야 해요. /
　~ 합니다.
3) 그 사람을 만나려면 오전에 와야 해요. /
　~ 합니다.

■ p. 101

문형B
3 연습 1

基本形	-으면서/면서
적다	적으면서
바쁘다	바쁘면서
멋있다	멋있으면서

基本形	-으면서/면서
만나다	만나면서
-(이)다	-이면서
아니다	아니면서

基本形	-으면서/면서
맵다 *	매우면서
듣다 *	들으면서
만들다 *	만들면서

3 연습 2
1) 얼굴도 예쁘면서 성격도 좋아요. /
　~ 좋습니다.
2) 이 음악은 새로우면서 듣기에
　편해요. / ~ 편합니다.
3) 주변에 식당이 많으면서 교통이
　편리해요. / ~ 편리합니다.

4 연습 1
1) 설악산이 얼마나 높은지 알고
　있어요? / ~ 있습니까?
2) 추가로 돈이 얼마나 드는지
　궁금해요. / ~ 궁금합니다.
3) 그런 상품을 왜 원하는지
　모르겠어요. / ~ 모르겠습니다.

■ p. 104-105

과제 1 어휘와 표현/문형 연습
1.
그렇지요/그렇죠,
벚꽃 놀이를 가기로 했어요, 부러워요,
저는, 잠만 잘 것 같아요,
그래요, 갈래요

2.
모르겠어, 알아보려고, 지민이랑, 갈래, 좋아,
예약해야 할 것 같아, 갈 거야, 갈 생각이야

3.
(1) 저녁에 다시 확인하기로 했어요. /
　~ 했습니다.
(2) 친구들이랑 같이 놀기로 했어요. /
　~ 했습니다.
(3) 점심에는 삼계탕을 먹기로 했어요. /
　~ 했습니다.
(4) 내일 남자 친구를 만나기로 했어요. /
　~ 했습니다.
(5) BTS 콘서트를 보려면 빨리 예약해야
　할 것 같아요.
(6) 예쁜 드레스를 입으려면 빨리 예약해야
　할 것 같아요.
(7) 연휴에 비행기를 타려면 빨리 예약해야
　할 것 같아요.
(8) 인기가 많은 식당에서 먹으려면 빨리
　예약해야 할 것 같아요.
(9) 넓으면서 깨끗해요. / ~ 깨끗합니다.
(10) 예쁘면서 가격도 싸요. / ~ 쌉니다.
(11) 책을 읽으면서 커피를 마시고 있어요. /
　~ 있습니다.
(12) 노래를 부르면서 춤도 출 수 있어요. /
　~ 있습니다.

(13) 저녁에 어디에 가는지 알고 있어요? /
　　~ 있습니까?
(14) 감기 때문인지 계속 머리가 아파요. /
　　~ 아픕니다.
(15) 내일 몇 시에 만나는지 알아요? /
　　~ 압니까?
(16) 이 물을 마셔도 괜찮은지 모르겠어요. /
　　~ 모르겠습니다.

■ p. 106-107

과제2 읽고 쓰기
1. ③

2. ③

3.
(1) × (2) × (3) ○ (4) × (5) ○ (6) ×

■ p. 108

과제3 듣기
1. ③　2. ①　3. ③　4. ②　5. ④

제10과
궁금한 건 뭐든지 물어보십시오.

■ p. 111

연습 1
(1) 박민정 씨입니다.
(2) 이미영 씨입니다.
(3) 송중기 씨입니다.
(4) 송미나 씨입니다.
(5) 박나라 씨입니다.

연습 2
(1) 결혼식을 올리다 - 結婚式を挙げる
(2) 유치원에 입학하다 - 幼稚園に入園する
(3) 잔치를 열다 - 祝宴を催す
(4) 파티에 참석하다 - パーティーに出席する
(5) 친척이 모이다 - 親戚が集まる

■ p. 112

문형A
1 연습 1

基本形	-는군요
마시다	마시는군요
좋아하다	좋아하는군요
만들다 *	만드는군요

基本形	-군요
맵다	맵군요

착하다	착하군요
재미있었다	재미있었군요

名詞	-(이)군요
친구 (다)	친구군요
학생 (이다)	학생이군요
팬이었다	팬이었군요

1 연습 2
1) 다음 주에 졸업 파티를 여는군요.
2) 결혼기념일에 장미꽃을
　　선물하는군요.
3) 아드님은 미나 씨에게 특별한
　　사람이군요.

2 연습 1
1) 밥그릇을 들고 먹어도 돼요?
　　밥그릇을 들고 먹으면 안 돼요.
2) 여기서 담배를 피워도 돼요?
　　여기서 담배를 피우면 안 돼요.
3) 물건을 마음대로 만져도 돼요?
　　물건을 마음대로 만지면 안 돼요.

■ p. 113

문형B
3 연습 1

基本形	-으십시오/십시오
가다	가십시오
쓰다	쓰십시오
기다리다	기다리십시오

基本形	-으십시오/십시오
앉다	앉으십시오
읽다	읽으십시오
받다	받으십시오

基本形	-으십시오/십시오
걷다 *	걸으십시오
돕다 *	도우십시오
만들다 *	만드십시오

3 연습 2
1) 이 중에서 고르십시오.
2) 두 사람의 대화를 잘 들으십시오.
3) 사진을 찍을 때는 환하게
　　웃으십시오.

4 연습 1
1) 아이를 낳고 나서 살이 쪘어요. /
　　~ 쪘습니다.
2) 헤어지고 나서 오랫동안 마음이
　　아팠어요. / ~ 아팠습니다.

3) 영화를 찍고 나서 드라마를 찍을
　　예정이에요. / ~ 예정입니다.

■ p. 116-117

과제 1 어휘와 표현/문형 연습
1.
(1) 조카
(2) 남편
(3) 이모
(4) 손녀
(5) 시아버지

2.
(1) 분, 어르신
(2) 댁, 따님
(3) 께, 여쭈어봐도(여쭤봐도) 돼요
(4) 부모님, 모시고 오십시오

3.
(1) 그 두 사람이 헤어졌군요.
(2) 주말마다 가족 모임을 갖는군요.
(3) 그동안 살이 많이 빠졌군요.
(4) 외삼촌이 무척 부지런하시군요.
(5) 시험 중에 잠을 자도 돼요?
(6) 아침 일찍 전화를 걸어도 돼요?
(7) 화장실에서 담배를 피워도 돼요?
(8) 늦은 밤에 악기를 연주해도 돼요?
(9) 창문을 활짝 여십시오.
(10) 회사 회식에 꼭 참석하십시오.
(11) 동네 어르신들도 모시고 오십시오.
(12) 저희 부모님은 걱정하지 마십시오.
(13) 세수를 하고 나서 이를 닦습니다. /
　　~ 닦아요.
(14) 시험이 끝나고 나서 여행을 갑니다. /
　　~ 가요.
(15) 영화를 보고 나서 식사를 할 것입니다. /
　　~ 거예요.
(16) 매운 음식을 먹고 나서 배가 아팠습니다. /
　　~ 아팠어요.

■ p. 118-119

과제2 읽고 쓰기
1.
(1) ①　　(2) ②

2. ④

3.
(1) ○　(2) ×　(3) ×　(4) ×　(5) ×

■ p. 120

과제3 듣기
1. ④　2. ④　3. ④　4. ②　5. ②

■ 会話練習の和訳

第1課

会話A

ナナ　リョウタさん，お久しぶりです。
　　　今学期は何の授業を受けますか。
リョウタ　韓国語の授業を受けています。
ナナ　そうなんですか。
　　　ところでリョウタさんはどうして
　　　韓国語を習っているんですか。
リョウタ　来年韓国に留学に行こうと思って
　　　習っています。ナナさんは？
ナナ　私は字幕なしで韓国ドラマを
　　　見ようと思って習っています。
リョウタ　私もナナさんのように韓国語が
　　　上手になりたいです。
　　　どうしたらいいですか。
　　　良い方法はありますか。
ナナ　私は韓国の歌を聞いたり韓国ドラマを
　　　たくさん見ています。

会話B

ミンギ　ミホさんの今年の目標は何ですか。
ミホ　去年から英語の塾に通っていますが，
　　　まだ上手ではありません。
　　　今年はもっと上手になりたいです。
　　　ミンギさんは？
ミンギ　今年の夏，バックパック旅行に出かけ
　　　ようと思っています。
　　　飛行機のチケットを買うために，
　　　最近アルバイトをしています。
ミホ　私も昨年の冬にバックパック旅行に
　　　行ってきたんですが，
　　　とても良かったですよ。
ミンギ　あ，そうなんですか。
　　　どこの国に行きましたか。
ミホ　韓国に行きました。
ミンギ　何が一番良かったですか。
ミホ　食べ物がとてもおいしかったです。

第2課

会話A

ナナ　来週から学園祭ですね。
　　　マークさんは今度の学園祭の時，
　　　何をする予定ですか。
マーク　ダンス部の友達とダンスをする予定です。
ナナ　わー，すごいですね。ところで大勢の
　　　人の前でダンスをする時，緊張しませんか。
マーク　とても緊張します。
　　　ナナさんは緊張する時，どうしますか？
ナナ　えーと，私は静かな歌を聞きます。
マーク　あー，それも良い方法ですね。
　　　それでは学園祭で会いましょう。

会話B

ミンホ　ナオさん，サークルの案内，見ましたか。
ナオ　はい，見ました。ミンホさんはどの

サークルに入りたいですか。
ミンホ　僕はバスケをしてみたいです。
　　　ナオさんは？
ナオ　私は小さい時からボランティア活動に
　　　とても興味がありました。
　　　なのでボランティア活動をしてみたいです。
ミンホ　そうなんですか。
　　　僕もボランティア活動に興味があります。
ナオ　それでは今日一緒に行ってみますか。
ミンホ　すみません。
　　　今日は別の約束があります。
ナオ　そうなんですね。
　　　それなら後で電話しますね。
ミンホ　はい，待っています。

第3課

会話A

ナナ　マークさん，どこかへお出かけですか。
マーク　デパートに姉にあげるプレゼントを
　　　買いに行きます。
　　　ナナさんも一緒に行きませんか。
ナナ　あ，私は今荷物を送りに行かなければ
　　　ならないんです。
マーク　そうなんですね。
　　　それではもしかして明日の午後は
　　　時間ありますか。
　　　韓国語クラスの友達とカラオケに
　　　行こうと思っているんですが
　　　一緒に行きませんか。
ナナ　はい，いいですよ。私も一緒に行きます。
マーク　それでは明日の朝また連絡しますね。

会話B

店員　いらっしゃいませ。
　　　何をお探しでいらっしゃいますか。
お客　祖母の誕生日プレゼントを買いに来ました。
店員　このお花はいかがですか。
　　　お年寄りの方に大変喜ばれています。
お客　うちの祖母は花はあまり好きでは
　　　ないんです。
店員　それでは，この赤いカバンはいかがですか。
お客　もしかして青色もありますか。
　　　祖母は青色が好きなんです。
店員　はい，少々お待ちください。
　　　こちらをどうぞ。いかがですか。
お客　とても可愛いですね。
　　　これ，包装してもらえますか。

第4課

会話A

ハナ　マークさん，明日一緒にデパートに
　　　行けますか。
マーク　すみませんが，風邪を引いたので
　　　行けません。
ハナ　そうなんですか。かなり悪いですか。
マーク　はい。熱もあって咳も出ています。

ハナ　薬は飲みましたか。
マーク　はい，飲みました。
　　　それなのにまだ良くならないんです。
ハナ　それなら後で一緒に病院に行きましょう。
マーク　ありがとう。
　　　それではうちの前で会いましょう。

会話B

医者　どうされましたか。
マーク　咳が出て喉も痛くて来ました。
医者　いつから痛みがあったんですか。
マーク　昨日の朝からずっと痛かったです。

医者　風邪です。この薬を3日間飲んで
　　　ゆっくり休んでください。
マーク　はい。
　　　ところで薬はいつ飲めばいいですか。
医者　食事の前に飲んでください。
　　　そして今日はたくさん話さないでください。
マーク　はい，分かりました。
　　　ありがとうございました。

第5課

会話A

案内　どんなご用でしょうか。
ユミ　新しく通帳を作ろうと思っているん
　　　ですけど。
案内　外国の方ですか。
　　　身分証はお持ちでいらっしゃいますか。
ユミ　はい，パスポートを持っています。
案内　番号札を取ってから少々お待ちください。
　　　順番にご案内いたします。
ユミ　ところで私は外国のお金を持って
　　　いるんですが。先に両替をしてから
　　　通帳を作ったほうが良いですか。
案内　通帳を作られる時，両替も一緒に
　　　できます。
ユミ　あ，分かりました。
　　　ありがとうございます。

会話B

職員　205番のお客様，
　　　大変お待たせいたしました。
マーク　この荷物を外国に送りたいんですが。
職員　飛行機で送られますか。
　　　それとも船で送られますか。
マーク　飛行機と船，それぞれどれほど
　　　かかりますか。
職員　お荷物の送り先はどちらですか。
マーク　日本の四国の方です。
職員　本日送られますと飛行機は3日，
　　　船は2週間から1ヶ月ほどかかります。
マーク　では飛行機でお願いします。
　　　ところでここでも包装はできますか。
職員　はい。
　　　あちらで先に包装をしてから
　　　またお持ちいただければ大丈夫です。

第6課

会話A

マーク　もしもし。ユミさん？僕，マークです。

ユミ　はい，マークさん，こんばんは。

マーク　遅くに電話してごめんなさい。
　　　　ところでどうしてこんなに電話に
　　　　出るのが遅かったんですか。

ユミ　あ，ごめんなさい。
　　　ドラマを見ていたんです。
　　　それで電話の着信音を聞き取れません
　　　でした。
　　　ところで何かあったんですか。

マーク　実は，明日の約束の場所を書いたメモを
　　　　無くしてしまいました。

ユミ　あ〜，はい。明日の約束の場所は
　　　江南駅1番出口前のパン屋さんです。
　　　では，お休みなさい。

会話B

マーク　ユミさん，すごく遅くなってしまって
　　　　本当にすみません。

ユミ　あ，マークさん，何かあったんですか。
　　　連絡がなくてとても心配していました。

マーク　思ったより道が混んでいて遅くなりました。

ユミ　ここまでバスで来たんですか。

マーク　はい。
　　　　市内の風景を楽しみたくて
　　　　バスに乗りました。

ユミ　では電話にはどうして出なかったん
　　　ですか。

マーク　うっかりして，家に置いてきてしまい
　　　　ました。

ユミ　ソウルは常に道路が混むので約束が
　　　ある時は地下鉄に乗ってください。
　　　それから，家を出る前に携帯も必ず
　　　確かめてくださいね。

マーク　はい，分かりました。
　　　　次からは遅れないようにします。

第7課

会話A

ユミ　もしもし，そちらココチキンですよね？
　　　今注文できますか。

店主　はい，大丈夫です。何にしますか。

ユミ　ハニーバターチキン1つ，
　　　配達してください。

店主　申し訳ありません。
　　　ハニーバターチキンは全部売り切れて
　　　しまってないんです。

ユミ　あー，そうなんですね。
　　　それでは，ヤムニョム半分とフライド
　　　チキン半分をください。

店主　はい，かしこまりました。
　　　もしかして以前にも注文されたことは
　　　ありますか。

ユミ　いいえ。今日が初めてです。

店主　それではお客様のお名前と住所，
　　　連絡先を教えてください。

会話B

従業員　こんにちは。
　　　　ソウルデパート顧客センターです。
　　　　どんなご用でいらっしゃいますか。

マーク　あ，はい。先週オンラインで注文した
　　　　品物の件で電話したんですが。

従業員　かしこまりました。それでは先に
　　　　お客様の注文番号をおっしゃって下さい。

マーク　僕の注文番号は5386です。

従業員　はい，確認できました。
　　　　続いてお名前と連絡先も教えて下さい。

マーク　苗字はスミス，名前はマークです。
　　　　携帯番号は010-2345-6789です。

従業員　はい，ありがとうございました。
　　　　ご注文の内容が確認できました。
　　　　10月24日に洋服を一着注文されて
　　　　いらっしゃいますね。

マーク　はい。でも色があまり気に入らないんです。
　　　　他の色に交換したくて電話しました。

第8課

会話A

ユンホ　ミユさん，昨日の夜，あのドラマ
　　　　見ましたよね？

ミユ　はい，見ました。
　　　とてもおもしろかったです。

ユンホ　僕もとても楽しく見ました。
　　　　ヒロインがとてもかわいいと思います。
　　　　僕にもあんな彼女がいたら良いなと
　　　　思います。

ミユ　あの女優は，最近本当に人気がある
　　　みたいです。私の友達も会えば彼女の
　　　話ばかりしているんです。

ユンホ　演技も上手で，かわいいですからね。

ミユ　今日のストーリーもすごく気になります。
　　　早くドラマが始まる時間になったら
　　　良いなと思っています。

ユンホ　ミユさんは本当にあのドラマのファンの
　　　　ようですね。

ミユ　そうなんです。最近，水曜と木曜ばかり
　　　待っているんですよ。

会話B

ユナ　マークさん，今週見られるおもしろい
　　　映画はありませんか。

マーク　カンヌ映画祭で賞を獲得した韓国
　　　　映画が木曜から始まるけど。
　　　　俺はホラー映画が好きなんで，
　　　　その映画をずっと待っていたんだ。

ユナ　マークさんはどうしてそんなに映画に
　　　詳しいんですか。

マーク　俺，映画の雑誌もよく読んでいるよ。
　　　　それで映画についていろいろ知る
　　　　ことができたんだ。

ユナ　それでは，卒業したら映画の仕事とかを
　　　やるつもりですか。

マーク　うん。卒業したら映画の制作会社に
　　　　就職したいと思っている。

ユナ　本当ですか。
　　　そこまで言われてしまうと私も先ほどの
　　　映画が気になってきました。

マーク　それなら今週末一緒に観に行こうか。

第9課

会話A

ユンホ　最近，紅葉狩りに最適な天気ですよね。

ミナ　そうですよね。
　　　私も今週末友達と紅葉狩りに行く
　　　予定なんです。

ユンホ　本当に？うらやましいですね。
　　　　僕はやることもなくて家で寝てばかりに
　　　　なりそうです。

ミナ　そうなんですか。それならユンホさんも
　　　一緒に行きませんか。

ユンホ　一緒に行っても良いんですか。
　　　　どこに行く予定なんですか。

ミナ　それはまだ決まってないんです。
　　　チミンさんと旅行会社に行って調べる
　　　ことにしています。チミンさんと今から
　　　会う予定ですが，ユンホさんも一緒に
　　　行きますか。

ユンホ　良いですよ。今週末行くのなら急いで
　　　　予約したほうがよさそうですね。
　　　　ところで，どれくらいの日程で考えて
　　　　いるんですか。

ミナ　1泊2日で行く予定です。

会話B

職員　こんにちは。ウリ旅行会社です。
　　　何をお手伝い致しましょうか。

ミナ　今週末ソラク山の紅葉狩り旅行を
　　　予約したキム・ミナですが。
　　　追加でホテルも予約したくて電話しました。

職員　はい，ありがとうございます。
　　　ご希望のホテルはございますか。

ミナ　山から近くて温泉もある場所なら
　　　良いと思います。

職員　ウリホテルはいかがですか。
　　　山から5分の距離で温泉もあります。

ミナ　そうなんですね。近くにそんなホテルが
　　　あるのは知りませんでした。
　　　今週末，禁煙室でツインルームを
　　　1泊，予約できますか。

職員　はい，部屋があるかどうか，
　　　直ちに調べてみます。

ミナ　あ，駐車が可能かどうかも確認を
　　　お願いします。

第10課

会話A

おば	ナムジュン！
ナムジュン	あ，おばさん。こんにちは。 どこかお出かけですか。
おば	うん。 今日同窓会があって行くところなの。
ナムジュン	あ～，同窓会があるんですね。
おば	ナムジュンはどこへ？
ナムジュン	僕はここのお土産屋さんでプレゼントを 買ったところです。
おば	そう？今日，何かの特別な日？
ナムジュン	明日が両親の結婚記念日なんです。
おば	そうなんだ～。 ナムジュンが何のプレゼントを買ったの か気になるから，先に見てもいい？
ナムジュン	あ～，ダメです。まだ秘密です。

会話B

職員	いらっしゃいませ。 弊社は初めてでいらっしゃいますか。
マーク	はい。母の誕生日を記念して パーティーを開きたいんですが。 先にあれこれと質問していいですか。
職員	もちろんです。気になることは何でも 聞いてください。
マーク	パーティーの時間はこちらで勝手に 決められますか。
職員	パーティーの時間は昼と夜の時間から お選びいただけます。
マーク	それなら場所を決めてからまた連絡 したほうがいいですか。
職員	招待客が決まってから場所を 決められても大丈夫です。
マーク	そうなんですね。 親切に教えてくださって ありがとうございます。

제1과 듣기 聞き取り（1課）

1.
(1) 여자 중학교에서 학생들을 가르쳐요.
(2) 남자 저는 방송국에서 일해요.
(3) 여자 병원에서 환자들을 돌봅니다.
(4) 남자 아침부터 밤까지 열심히
　　　　 물건을 배달해요.

2.
남자 어, 미호 씨, 오랜만이에요.
　　　 어디 가요?
여자 아, 민기 씨. 안녕하세요?
　　　 저는 지금 일을 하러 미술관에 가요.
남자 그래요? 예술 작품 만들기에
　　　 시간이 많이 걸려요?
여자 네, 작품 하나에 정말 많은
　　　 시간이 걸려요.

3.
(여자)
저는 중학교 때 처음 한국 노래를
들었어요.
그리고 고등학교 때부터 드라마를 자막
없이 보려고 한국어 공부를 시작했어요.
저는 작년에 대학에 입학했어요.
우리 학교에는 한국 유학생도 많이 있어요.
그 친구들과 한국어로 말하고 싶은데 아직
잘 못해요.
내년에는 한국에 유학을 갈 거예요.
대학 졸업 후에는 한국어 선생님이 되고
싶어요.

제2과 듣기 聞き取り（2課）

1.
남자 미나 씨는 어떤 동아리를 하고
　　　 싶어요?
여자 저는 어릴 때부터 합창에 관심이
　　　 많았어요.
　　　 그래서 합창부를 해 보고 싶어요.
　　　 지민 씨는요?
남자 저는 연극에 관심이 있어요.

2.
남자 나나 씨, 이번 축제 때
　　　 뭐 할 거예요?
여자 동아리 친구들하고 같이
　　　 춤을 출 거예요.
남자 와~, 대단하네요.
　　　 춤을 출 때 떨리지 않아요?
여자 사람들 앞에서 춤을 출 때는
　　　 많이 떨려요.

3.
여자 민호 씨, 내일 뭐 해요?
남자 내일 학교에서 농구 대회가 있어요.

그래서 친구들하고 같이 시합을
보러 가요.
여자 와, 부럽네요. 저도 한번 가 보고
　　　 싶어요.
남자 그럼 같이 갈까요?

[4-5]
여자 마크 씨, 주말에 뭐 했어요?
남자 집에서 아무것도 안 했어요.
　　　 진짜 심심했어요.
　　　 제인 씨는 뭐 했어요?
여자 저는 동아리 친구하고 같이
　　　 연극을 보기 위해서 대학로에
　　　 갔어요.
남자 그래요? 연극은 어땠어요?
여자 슬픈 사랑 이야기였어요.
　　　 연극을 보고 많이 울었어요.
남자 저도 연극을 보고 싶어요.
　　　 다음에 한번 같이 가요.
여자 네, 좋아요.
　　　 그럼 나중에 연락할게요.

제3과 듣기 聞き取り（3課）

1.
남자 민지 씨, 지금 바빠요?
　　　 같이 점심 먹으러 학교 식당에
　　　 갈래요?
여자 미안해요.
　　　 아르바이트를 하러 가야 해요.
남자 아르바이트는 어디에서 해요?
여자 집 근처 서점에서 해요.

2.
여자 어서 오십시오.
남자 어제 이 회색 운동화를 샀는데,
　　　 좀 작아요.
　　　 하나 더 큰 사이즈 있어요?
여자 네, 있습니다.
　　　 잠시만 기다려 주십시오.

3.
남자 어서 오십시오.
　　　 무엇을 찾으십니까?
여자 친구 생일 선물을 사려고 해요.
　　　 음…, 이 스웨터 예쁘네요.
　　　 혹시 빨간색도 있어요?
남자 죄송합니다. 빨간색은 없습니다.
여자 그럼 저 빨간색 모자 하나만
　　　 포장해 주세요.

4.
여자 지민 씨 가족 사진이에요?
남자 네. 어제 집에서 찍었어요.
여자 이분이 지민 씨 어머니세요?
남자 아니요. 할머니세요.
여자 할머니도 일본에 같이 사세요?
남자 아니요. 할머니께서는 한국에
　　　 사세요.

오늘이 아버지 생신이에요.
그래서 어제 일본에 놀러
오셨어요.

5.
남자 내일 저녁에 시간 있어요?
　　　 같이 영화 보러 갈래요?
여자 네, 좋아요!
　　　 무슨 영화를 볼 거예요?
남자 재미있는 영화를 보고 싶어요.
여자 좋네요. 영화를 보고 맛있는 것도
　　　 먹으러 가요.
남자 네, 좋아요.
　　　 어떤 음식을 먹고 싶어요?
여자 저는 매운 음식을 좋아해요.
　　　 영화관 근처 식당을 찾아볼게요.
남자 고마워요.

제4과 듣기 聞き取り（4課）

1.
(1) 여자 어디가 아프세요?
　　　 남자 감기에 걸렸어요.
(2) 여자 어제 뭐 했어요?
　　　 남자 치과에서 치료를 받았어요.
(3) 여자 몸이 어떻게 아프세요?
　　　 남자 소화가 안돼요.
(4) 여자 어떻게 오셨어요?
　　　 남자 아침부터 계속 열이 나요.

2.
남자 미나 씨, 어제 왜 학교에
　　　 안 왔어요?
여자 몸이 아파서 집에 있었어요.
남자 그래요? 지금은 괜찮아요?
여자 네, 푹 쉬어서 지금은 괜찮아요.

3.
남자 제인 씨, 어디 아파요?
여자 점심 식사 후부터 배가 조금
　　　 아프네요. 지금은 열도 나요.
남자 그럼 일은 여기까지 하고
　　　 빨리 병원에 가 보세요.
여자 네, 죄송합니다.
　　　 오늘은 먼저 퇴근할게요.

4.
남자 아침을 못 먹어서 배가 좀
　　　 고프네요.
여자 지금 바로 수업 시작하는데
　　　 괜찮아요?
남자 아, 네. 괜찮아요. 아침에 일찍 못
　　　 일어나서 아침도 자주 못 먹어요.
여자 저는 매일 아침밥을 먹어요.
　　　 오늘은 빵과 우유를 먹었어요.

제5과 듣기 聞き取り（5課）

1.
(1) 여자　이 소포를 중국에 보내고
　　　　싶은데요.
　　남자　소포 안에 뭐가 있어요?
(2) 여자　이서 오세요.
　　남자　부산 가는 표 하나 주세요.
(3) 여자　제주 가는 비행기는 어디에서
　　　　타요?
　　남사　2번 터미널에서 타면 돼요.
(4) 여자　어떻게 오셨습니까?
　　남자　통장을 새로 만들고 싶은데요.

2.
남자　정말 오랜만에 그림을 보러 와서
　　　기분이 참 좋네요.
　　　바쁜데 같이 와 줘서 고마워요.
여자　아니에요. 저도 한번 와 보고
　　　싶었어요.
남자　그래요? 그런데 미연 씨는 어떤
　　　그림을 좋아해요?
여자　그림은 모두 좋아해요.
　　　그림은 못 그리는데 보는 것은
　　　좋아해요.

3.
（여자）
안녕하십니까?
어서 오십시오.
이 버스는 서울 시청을 출발해서
남대문 시장과 명동, 인사동까지 가는
서울 관광버스입니다.
각각의 정류장에 내려서 관광지를
구경할 수 있고, 내린 정류장에서
다음 버스를 다시 탈 수 있습니다.
서울 관광을 위해서 외국인의 버스 요금은
무료입니다.
그럼 오늘도 좋은 하루 보내세요.
감사합니다.

제6과 듣기 聞き取り（6課）

1.
여자　내일 약속 장소를 적은 메모를
　　　잃어버렸어요.
남자　내일 만나는 장소는
　　　서울역 4번 출구 앞이에요.

2.
여자　정국 씨, 이번 주말에 무슨 계획이
　　　있어요?
남자　요즘 일이 많아서 계속 피곤했어요.
　　　그래서 이번 주말에는 집에서
　　　한가하게 보내고 싶어요.

3.
여자　친한 친구가 다음 주에 멀리 이사를
　　　가요.

그래서 마음이 너무 외롭고 쓸쓸해요.
남자　너무 슬퍼하지 마세요.
　　　곧 다시 만날 수 있을 거예요.

4.
남자　제인 씨, 왜 이렇게 늦게 전화를
　　　받아요?
여사　미안해요. 샤워를 하고 있었어요.
　　　그런데 무슨 일이에요?
남자　김 선생님 전화번호를 알고 싶어서요.
여자　아, 네. 김 선생님 전화번호는
　　　010-2345-6789번이에요.

5.
남자　제인 씨, 정말 미안해요.
　　　많이 기다렸어요?
여자　아, 지민 씨. 왜 이렇게 늦었어요?
　　　연락이 없어서 걱정했어요.
남자　평소보다도 도로에 차가 많아서
　　　늦었어요.
여자　오늘 차로 왔어요?
　　　서울은 주말에도 항상 차가 많아요.
　　　다음에 약속이 있을 땐 꼭 지하철을
　　　타세요.

제7과 듣기 聞き取り（7課）

1.
여자　지민 씨, 벌써 점심 시간이네요.
　　　오늘 점심은 뭘 먹을까요?
남자　저는 맵고 맛있는 김치찌개를
　　　먹을까 하는데요.
　　　수지 씨도 같이 갈래요?
여자　네, 좋아요.
　　　회사 앞에 새로 생긴 가게가
　　　싸고 맛있어요. 거기로 가요.

2.
여자　전화해 주셔서 감사합니다.
　　　우리백화점 고객 센터입니다.
　　　뭘 도와드릴까요?
남자　지난번에 온라인에서 산 양복을
　　　작은 사이즈로 교환하고 싶은데요.

3.
여자　여보세요. 차이나 중국집입니다.
남자　짜장면을 주문하고 싶은데요.
여자　죄송합니다, 손님. 오늘은
　　　짜장면이 모두 팔리고 없습니다.
남자　그럼 짬뽕 한 그릇만 배달해 주세요.
여자　죄송합니다.
　　　배달은 2인분 이상만 됩니다.

4.
남자　어서 오세요.
　　　뭘 주문하시겠습니까?
여자　불고기 햄버거 세트 하나 주세요.
남자　음료수는 뭘로 하시겠습니까?
여자　아이스커피 L 사이즈로 주세요.

그리고 감자튀김은 S 사이즈로
바꿀까 하는데요.
남자　네, 알겠습니다.
　　　여기서 드시고 가십니까?
　　　아니면 포장해 드릴까요?
여자　포장해 주세요.

5.
여자　여보세요.
　　　거기 우리슈퍼마켓이지요?
남자　네. 뭘 도와드릴까요?
여자　돼지고기 1킬로그램과
　　　당근 두 봉지를 사려고 하는데요.
　　　지금 주문하면 언제 받을 수
　　　있어요?
남자　지금 바로 주문하시면 2시간
　　　후에 댁으로 배달해 드립니다.
여자　배달 요금은 얼마예요?
남자　만 원 이상 주문은 무료입니다.
　　　어디로 배달해 드릴까요?
여자　한강아파트로 배달해 주세요.

제8과 듣기 聞き取り（8課）

1.
여자　지민아, 어디 가?
남자　어제 개봉한 영화를 보러 가.
여자　정말? 나도 보고 싶었는데…
남자　그래? 그럼 같이 가.

2.
여자　어떤 영화를 볼까?
남자　나는 재미있는 영화를 보고 싶어.
여자　좋아. 그럼 〈재미있는 가족〉 어때?

3.
남자　오늘 저녁 같이 먹으러 갈까?
여자　미안해. 오늘은 집에 빨리 가야 해.
남자　왜? 무슨 일 있어?
여자　텔레비전에 내가 좋아하는
　　　가수가 나와.

4.
남자　어서 오세요.
여자　영화 〈알라딘〉 한 장 주세요.
남자　몇 시 표를 드릴까요?
여자　제일 빠른 시간으로 주세요.
남자　오전 9시 30분 〈알라딘〉 한 분
　　　맞으시죠?
여자　네. 이 카드로 계산해 주세요.

5.
여자　어제 드라마 봤어?
남자　응. 드라마가 정말 끝까지
　　　재미있었어.
여자　이제 드라마를 볼 수 없으니까
　　　너무 슬퍼.
남자　그 드라마 내년에 영화로 개봉할 거야.
여자　정말? 영화도 꼭 보고 싶어.
남자　나도. 내년에 같이 보러 가.

135

1.

여자　우산 있어요? 밖에 비가 와요.
남자　네. 저는 아침 뉴스를 보고
　　　우산을 가져왔어요.
여자　아~, 저는 비가 내리는지 확인을
　　　못 했어요.

2.

여자　지민아, 주말에 뭐 해?
남자　가족들이랑 가까운 온천에 가기로
　　　했어.
여자　그래? 부럽다. 나도 가고 싶다.

3.

여자　게스트 하우스를 예약하려면
　　　어떻게 해야 해요?
남자　인터넷으로 예약하거나 전화로
　　　예약하면 될 거예요.
여자　혼자 해외여행을 가는 것은
　　　처음인데 너무 떨려요.

4.

여자　안녕하세요? 민수 씨.
　　　여기서 뭐 해요?
남자　아, 수진 씨!
　　　저는 하나 씨를 기다리고 있어요.
　　　오늘부터 같이 운동하기로 했어요.
여자　그래요? 어떤 운동을 해요?
남자　오늘은 배드민턴을 치기로 했어요.
여자　재미있겠네요. 저도 이제 운동을
　　　좀 해야할 것 같아요.
남자　그럼 수진 씨도 같이 할래요?
여자　정말요? 그런데 오늘은 약속이
　　　있어요. 다음에 같이 해요.

5.

남자　학교 근처에는 싸고 맛있는 식당
　　　없어요?
여자　저도 이 주변은 잘 모르겠어요.
남자　그럼 인터넷에서 같이 한번
　　　찾아볼까요?
여자　네, 좋아요.
　　　음… 여기 어때요?
　　　학교에서 가까우면서 음식도
　　　맛있을 것 같아요.
남자　와, 정말 맛있을 것 같네요. 민정 씨,
　　　오늘 저녁에 같이 가 볼래요?
여자　좋아요. 그럼 예약이 되는지
　　　지금 바로 전화해 볼게요.
남자　고마워요.

1.

여자　지민 씨, 이번 주말에 시간 있어요?
남자　일요일은 친구하고 한국어를

공부할 생각인데 토요일은
한가해요. 왜요?
여자　미나 씨 생일 파티를 열까
　　　생각 중이에요. 지민 씨도 올래요?
남자　그래요? 재미있겠네요.
　　　저도 갈게요.

2.

여자　여보세요?
　　　아버님, 저 민지 엄마예요.
남자　어, 그래. 잘 지내고 있지?
　　　민지 아빠도 건강하지?
여자　네. 어머님, 아버님도 모두 잘
　　　지내고 계시죠?

3.

남자　고모! 안녕하세요?
여자　어, 남준아! 오랜만이네~.
　　　학교 가는 길이야?
남자　아니요.
　　　꽃을 사러 가는 길이에요.
　　　오늘이 부모님 결혼기념일이에요.
여자　아, 그렇구나. 남준이가 꽃을 선물하면
　　　엄마가 많이 좋아하시겠네~.

[4-5]

여자　어서 오십시오. 뭘 찾으세요?
남자　저…, 꽃다발을 선물하려고
　　　하는데요. 배달도 되지요?
여자　네. 하루 전까지 주문하시면
　　　원하시는 곳으로 배달해 드립니다.
　　　무슨 꽃을 선물하시겠어요?
남자　장미꽃을 여기로 배달해 주세요.
　　　배달 시간은 마음대로 정할 수 있죠?
여자　배달 시간은 점심이나 저녁 시간
　　　중에서 고르실 수 있습니다.
남자　혹시 메시지도 함께 보내도 돼요?
여자　물론이지요. 먼저 저쪽에서 카드를
　　　고르고 나서 다시 말씀해 주세요.

ㄱ

0	가	～が
0	가게	店
0	가깝다	近い
0	가끔	時々，たまに
8	가능	可能
0	가다	行く
0	가르치다	教える
0	가방	鞄
0	가볍다	軽い
0	가수	歌手
0	가슴	胸
0	가요	歌謡
0	가위	ハサミ
0	가을	秋
1	가이드	ガイド
0	가장	最も，いちばん，何より（も）
5	가져오다	持ってくる
0	가족	家族
7	가지고 가다	持っていく，持ち去る
5	각각	おのおの，それぞれ
6	간단하다	簡単だ，やさしい，容易い
6	간단히	簡単に，容易く，手短に
1	간호사	看護師
0	갈비	カルビ
3	갈색	茶色，褐色
0	갈아타다	乗り換える
0	감	柿
4	감기	風邪
0	감기약	風邪薬
4	감기에 걸리다	風邪をひく
8	감동	感動
7	감자	じゃがいも
7	감자튀김	フライドポテト
4	갑자기	急に，いきなり，突然
0	값	値段
0	강	川，江
2	강아지	子犬
6	강하다	強い
1	갖다	持つ，有する
6	같다	同じだ，等しい
0	같이	一緒に
0	개	犬／個
8	개봉 (하다)	開封，（映画を）封切りする
5	개월	ヶ月，個月
6	거 (것)	もの，こと ・「것」の略語
0	거기	そこ

0	거리	通り／距離
6	거의	ほとんど，ほぼ
4	걱정 (하다)	心配 (する)，気掛かり (気遣う)
4	걱정이 되다	心配になる
4	건강	健康
3	건강하다	健康だ
6	건너가다	渡って行く，渡る，横切る
0	걷다	歩く
7	걸 (것을)	ものを（「것을」の縮約形）
4	걸다	掛ける
1	걸리다	（時間が）掛かる，（病気に）かかる
1	검색 (하다)	検索 (する)
3	검은색	黒，黒色
0	것 (거)	もの，こと
9	게스트 하우스	ゲストハウス
0	게임	ゲーム
0	겨울	冬
9	결국	結局，とうとう
10	결정 (하다)	決定 (する)
0	결혼	結婚
10	결혼기념일	結婚記念日
10	결혼식	結婚式
10	결혼식을 올리다	結婚式を挙げる
10	결혼식장	結婚式場
0	결혼하다 (=결혼을 하다)	結婚する
0	경기	競技，試合
0	경찰관	警察官
5	경찰서	警察署
8	경치	景色
1	경험	経験
1	경험을 쌓다	経験を積む
7	계란	卵
7	계산 (하다)	計算 (する)，会計 (する)，勘定 (する)
4	계속	ずっと，継続，続き
7	계속해서	継続して，続いて
0	계시다	おられる，いらっしゃる
0	계절	季節
7	고객 (님)	顧客 (様)
0	고기	肉
1	고등학교	高等学校
0	고등학생	高校生
10	고르다	選ぶ
10	고모	おば (父方の)
6	고속	高速
0	고속버스	高速バス
0	고양이	猫
2	고장	故障

2	고장이 나다	故障する, 壊れる
9	고층	高層
0	고프다	(お腹が) 空く
0	고향	故郷
6	곧	すぐ (に), 直ちに, まもなく
1	골든 위크	ゴールデンウィーク
5	곳	所, 場所
0	공	ボール
0	공무원	公務員
0	공부하다	勉強する
0	공연	公演
0	공원	公園
0	공책	ノート
8	공포	恐怖
5	공항	空港
0	공항버스	空港バス
0	-과/와	～と
0	과일	果物
0	과자	菓子
0	관광	観光
9	관광객	観光客
1	관광지	観光地
8	관람	観覧
2	관심	関心
8	괴로워하다	苦しむ, 悩む
2	굉장하다	すばらしい, すごい
0	교과서	教科書
1	교사	教師
1	교수	教授
0	교실	教室
0	교통	交通
7	교환 (하다)	交換 (する)
0	구	九 (9)
0	구경하다	見物する, 観覧する, 見る
0	구두	靴
0	구월	9月
9	국내	国内
0	국제 센터	国際センター
7	굽다	焼く, あぶる
8	궁금하다	気になる, 気遣わしい
0	권	冊
0	귀	耳
2	귀엽다	かわいい, 愛らしい, いとしい
0	귤	みかん
0	그	その
9	그 외	その他
0	그것 (그거)	それ

1	그냥	そのまま, ただ
3	그동안	その間
7	그때	その時
8	그래	(目下に答える時の語) うん, そう
0	그래서	それで, だから
10	그러면	そうすると
8	그런	そのような, そんな
0	그런데	ところが, ところで, しかし
0	그럼	それなら, (それ) では
6	그렇게	そのように, それほど, さほど
10	그렇구나	そうなんだね
10	그렇군요	そうなんですね
6	그렇지만	そうではあるが, しかし, でも
7	그릇	器, 入れ物, 容器
0	그림	絵
0	그리고	そして
0	그리기	描くこと
0	(그림을) 그리다	絵を描く
2	그립다	懐かしい, 恋しい
6	그만	つい, うっかり, 思わず
0	그분	その方
0	그쪽	そちら, そっち, そちら側
0	극장	劇場 / 映画館
0	근처	近所, 近く
9	금연 (실)	禁煙 (室)
0	금요일	金曜日
2	급	級
0	기간	期間
10	기념 (하다)	記念 (する)
3	기념일	記念日
2	기다리다	待つ
8	기대 (하다)	期待 (する)
7	기름	油
0	기분	気分, 気持ち
2	기쁘다	嬉しい, 喜ばしい
1	기사	(タクシー, バスなどの) 運転手
0	기숙사	寄宿舎, 寮
8	기억	記憶, 覚え
8	기억에 남다	記憶に残る
0	기온	気温
0	기자	記者
5	기차역	汽車駅, 鉄道駅
4	기침	咳
0	기타	ギター
0	기타를 치다	ギターを弾く
2	긴장하다	緊張する
2	긴장되다	緊張する

0	길	道
0	길다	長い
0	김밥	キンパ
0	김치	キムチ
0	김치를 만들다	キムチを作る (漬ける)
7	김치볶음밥	キムチ炒飯
0	김치찌개	キムチチゲ
6	깊이	深く「副詞」/ 深さ, 深み「名詞」
3	까만색	黒色
0	-까지	～まで
7	깎다	(果物の) 皮をむく, 削る
6	깨끗이	きれいに, 清潔に, きちんと
6	깨끗하다	きれいだ, 清い, きちんとしている
3	-께	(誰々) に (「-에게」の敬語)
3	-께서	(誰々) が (「-이/가」の敬語)
3	-께서는	(誰々) には, は (「-은/는」の敬語)
3	꼭	必ず
0	꽃	花
9	꽃구경	花見
2	꽃다발	花束
0	꿈	夢
0	끝	終わり
6	끝나다	終わる, 済む

		ㄴ
0	나	私
1	나가다	出る, 出かける, 出向く
5	나누다	分ける, 交わす
2	나다	…になる, 出る, 起こる
0	나라	国
0	나무	木
0	나쁘다	悪い
4	나오다	出る
3	나이	年齢
2	나중	後, 後ほど
5	나흘	四日, 四日間
0	날씨	天気, 天候
7	날짜	日数, 日, 日付
8	남다	余る, 残る
0	남동생	弟
10	남매	兄と妹, 弟と姉
0	남자	男子, 男
3	남자 친구	彼氏
10	남편	夫
4	낫다	(病気や傷などが) 治る
0	낮	昼
0	낮다	低い

0	낮잠을 자다	昼寝をする
10	(아이를) 낳다	(子供を) 産む
8	내	私の, 我が *「나의」の略語
0	내년	来年
0	내리다	降りる
8	내용	内容, 中身
0	내일	明日
0	냉면	冷麺
0	냉장고	冷蔵庫
0	너	お前, 君
0	너무	(度を越して) あまり, とても
6	넓다	広い, 面積が大きい
4	넘어지다	倒れる, 転ぶ
7	넣다	入れる, 預ける
0	네	はい
8	네	君の, お前の *「너의」の略語
0	넥타이	ネクタイ
0	넷 (네)	4つ, 4個
0	년	年
3	노란색	黄色
4	노래 (를 하다)	歌 (を歌う)
0	노래를 부르다	歌を歌う
0	노래방	カラオケ店
0	노트	ノート
3	놀다	遊ぶ
3	놀라다	驚く
0	농구	バスケットボール
0	높다	(高さが) 高い
6	높이	高く「副詞」/ 高さ, 高度「名詞」
0	눈	目 / 雪
0	누구	誰
0	누나	姉
9	눈물	涙
9	눈물이 나다	涙が出る
0	눈이 내리다/오다	雪が降る
0	뉴스	ニュース
5	느끼다	感ずる, 感じる, 知覚する
6	느리다	遅い, 鈍い, 緩い
0	-는/은	～は
2	능력	能力
3	늦다	遅い

		ㄷ
4	다	すべて, みんな, 皆, 全部
0	다니다	通う, 行き来する
6	다르다	異なる, 違う
2	다른	他の, 別の

0	다리	橋 / 脚
0	다섯	5つ, 5個
0	다시	また, もう一度, 再び
0	다음	次, 今度
0	다이어트	ダイエット
4	다치다	傷つく, 怪我する, 痛める
1	단기	短期
9	단풍	紅葉
9	단풍놀이 (하다)	紅葉狩り (する)
0	닫다	閉める, 閉じる
0	달	月
0	달다	甘い
5	달력	カレンダー, こよみ
0	닭	鶏
9	닭갈비	タッカルビ
8	닮다	似る
7	담다	(器に) 盛る, 入れる
9	담당자	担当者
0	담배	タバコ
10	담배를 피우다	タバコを吸う
2	답답하다	じれったい, もどかしい, 息苦しい
6	답장	返事, 返信, 返礼, 返書
0	당근	ニンジン (人参)
9	당일	当日
10	대기실	待合室
2	대단하다	非常に…だ, すばらしい
6	대답	返事, 返答
5	대사관	大使館
0	대학교	大学
0	대학생	大学生
8	대학원	大学院
10	대화 (하다)	対話 (する), 会話 (する)
1	대회	大会
3	댁	お宅
2	댄스	ダンス
2	댄스부	ダンス部
1	더	もっと,
6	더럽다	汚い, 不潔だ
9	더블 룸	ダブルルーム
0	덥다	暑い
10	데려오다	連れてくる
0	데이트	デート
0	-도	～も
7	도넛	ドーナツ
0	도로	道路
0	도서관	図書館
0	도시	都市

9	도시락	弁当
3	도와주다	手伝ってやる, 手助けする
8	도움	助け, 助力
8	도움이 되다	助かる, 役 (に) 立つ, 救われる
5	도장	印, 印章, はんこ
9	도전하다	挑戦する
0	도착하다	到着する, 着く
0	독서	読書
0	독일	ドイツ
0	독일어	ドイツ語
0	돈	お金
5	돈을 바꾸다	金を換える, 両替する
4	돈을 벌다	お金を稼ぐ, もうける
0	돈을 찾다	お金を下ろす (引き出す)
9	돈이 들다	お金が掛かる
1	돌보다	世話をする, 面倒を見る, 保護する
8	돌아가다	(もとに) 戻る, 回る, 回って行く
9	돌아오다	戻る, 帰ってくる
10	돌잔치	初誕生日のお祝い
2	돕다	助ける, 手伝う
7	동네	隣近所, 村
0	동물	動物
5	동물원	動物園
0	동생	弟 / 妹
2	동아리	サークル, クラブ
0	동아리 활동	サークル活動, 部活
4	동안	間, うち, 中
10	동창 (생)	同窓 (生), 同学
10	동창회	同窓会
0	돼지	豚
1	(-이/가) 되다	～になる, ～となる
0	된장찌개	テンジャンチゲ
6	두껍다	厚い, 分厚い
0	두부	豆腐
4	두통	頭痛
0	둘 (두)	2つ, 2個
0	뒤	後ろ, 後
0	드라마	ドラマ
1	드레스	ドレス
3	드리다	(差し) 上げる
0	드시다	召し上がる
0	듣기	聞くこと, 聞き取り
0	듣다	聞く
1	-들	～たち, など, 等 (複数接尾語)
3	들다	入る／(手に) 持つ, 持ち上げる
2	들어가다	入る
6	들어오다	入る, 入ってくる

5	등록증	登録証
0	등산	登山
3	디자인	デザイン
10	따님	お嬢様, お嬢さん, ご息女
1	따다	取る
0	따뜻하다	暖かい
0	딸	娘
0	딸기	いちご
4	땀	汗
4	땀이 나다	汗が出る
7	때문 (에)	ため (の), ゆえ (の), ～せい (で)
1	떠나다	去る, 離れる, 立つ, 出る
6	떠들다	騒ぐ, 騒騒しくする
0	떡	餅
0	떡국	トッククク, お雑煮
0	떡볶이	トッポッキ
2	떨리다	緊張する
0	또	又
6	똑같이	同じく, 一様に, 等しく
8	똑똑하다	明瞭だ, 利口だ, 賢い
2	뜨겁다	熱い

ㄹ		
4	-라고/이라고	…と, …だと, …だから
0	라디오	ラジオ
0	라면	ラーメン
8	-랑/이랑	～と (か), ～や (ら)
0	러시아	ロシア
0	-로/으로	～で, ～に
8	로맨스	ロマンス, 恋物語
2	로봇	ロボット
0	-를/을	～を

ㅁ		
10	-마다	…ごとに, …度に, 都度
7	마리	匹, 羽, 頭
0	마시다	飲む
0	마음	心
10	마음대로	勝手に, 思うどおりに
3	마음에 들다	気に入る, 好ましい
4	마중	出迎え, 迎え
7	마트	スーパー, マート
9	막상	実際に, 現に
2	막히다	詰まる
3	-만	～ (に) だけ, ～ばかり, ～のみ
0	만	万 (10000)
0	만나다	会う

0	만들다	作る
10	만지다	触る, 触れる
2	만화	漫画
1	만화가	漫画家
0	만화책	漫画, 漫画本
0	많다	多い
0	많이	たくさん
0	말	馬 / 言葉
3	말씀	目上の人の言葉, お話, お言葉
3	말씀하다	おっしゃる, お話をする
4	말을 걸다	言葉を掛ける, 話しかける
3	말하다	言う, 話す
0	맑다	(天気が) 晴れている
0	맛	味
0	맛없다	まずい, おいしくない
0	맛있다	うまい, おいしい
4	맞다	合う, 正しい, 違わない/迎える/当たる
0	매일	毎日
2	매주	毎週
0	매진	売り切れ
5	매표소	チケット売り場
0	맥주	ビール
0	맵다	辛い
0	머리	頭
0	먹다	食べる
0	먼저	先, 先に, まず
0	멀다	遠い
6	멀리	遠く, 遥か (に)
2	멋있다	しゃれている, すてきだ
0	메뉴	メニュー
0	메모	メモ
0	메시지	メッセージ
2	메일	メール
10	며느리	嫁, 息子の妻
0	며칠	何日, 幾日
5	면허증	免許証
0	명	名
10	명절	民族的な祝祭日 (元旦など)
10	명절을 맞다	祝祭日を迎える
0	몇	何, いくつ
0	모두	皆, すべて, 全部
10	모든	全ての
0	모레	明後日
5	모르다	知らない, 分からない
10	모시고 오다	迎える, 連れ帰る
10	모시다	仕える
10	모이다	集まる

141

6	모임	集まり, 集い, 集会, 会合
0	모자	帽子
0	목	首
0	목요일	木曜日
5	목욕탕	風呂 (場), 銭湯, (公衆) 浴場
0	목욕하다 (=목욕을 하다)	風呂に入る
1	목표	目標
0	몸	体
4	못	… (でき) ない
1	못하다	できない, なし得ない (不能)
0	무겁다	重い
5	무료	無料, ただ
0	무릎	膝
4	무리 (하다)	無理 (する)
9	무박	日帰り (無泊)
2	무섭다	恐ろしい, 怖い
0	무슨	何, 何の, どの, どういう
0	무엇 (뭐)	何
10	무척	非常に, とても
0	문	門, 戸, ドア
7	문을 열다	店開きをする, 営業を始める
0	문의처	問い合わせ先
9	문의하다	問い合わせる
0	문화	文化
0	묻다	尋ねる
0	물	水
0	물건	品物
9	물놀이 (하다)	水遊び (する)
10	물론	もちろん
0	뭐 (무엇)	何
10	뭐든지	何でもかんでも, 何だって
0	미국	米国
1	미술관	美術館
6	미안하다	済まない, 申し訳ない
0	미용사	美容師
0	미용실	美容室
8	미팅	ミーティング, 男女の出会い, 合コン
1	민속촌	民俗村
7	밀가루	小麦粉

	ㅂ	
3	바꾸다	変える, 交換する, 変更する
0	바나나	バナナ
0	바다	海
0	바람이 불다	風が吹く
4	바로	すぐ, 直ちに, 早速
0	바쁘다	忙しい

0	바지	ズボン
9	박	泊
0	박물관	博物館
2	박수	拍手
0	밖	外
0	반	半, 半分, 二分の一
3	반	班, クラス
5	반갑다	嬉しい, 懐かしい, 喜ばしい
0	반바지	半ズボン
0	반지	指輪
7	반찬	おかず, 惣菜
0	받다	受ける, 受け取る, 頂く, もらう
0	발	足
6	밝다	明るい
0	밤	夜
0	밥	ご飯
10	밥그릇	飯茶碗
0	방	部屋
7	방금	今, ただ今
1	방법	方法
7	방송 (하다)	放送 (する)
1	방송국	放送局
0	방학	学校の長期休暇
0	배	船 / 腹 / 梨
1	배낭여행	バックパッカー, バックパック旅行
1	배달 (하다)	配達 (する)
2	배드민턴	バドミントン
2	배드민턴부	バドミントン部
0	배우	俳優, 役者
0	배우다	習う
4	배탈	食当たり, 食もたれ, 腹痛
4	배탈이 나다	腹をこわす, 腹痛を起こす
0	백	百 (100)
0	백화점	百貨店
4	버리다	捨てる, ほうる, 投げ出す
0	버스	バス
5	번	番
9	번지 점프	バンジージャンプ
5	번호	番号
5	번호표	番号カード, 整理券
7	벌	(洋服や器物などの) 揃い, セット
4	벌다	もうける, 稼ぐ
3	벌써	既に, もう
2	벚꽃	桜, 桜の花
5	베트남	ベトナム
9	변경	変更
3	별로	別に, さほど, あまり

0	병	瓶
4	병	病, 病気, 患い
4	병문안	病気見舞い
4	병에 걸리다	病気になる, 病にかかる
0	병원	病院
4	병이 낫다	病気が治る
0	보내다	送る, 差し送る, 見送る
6	-보다	〜より
0	보다	見る
3	보라색	紫色
9	보이다	見える, 見せる, 示す
0	복숭아	桃
6	복잡하다	複雑だ, 込む
7	볶다	炒める
0	볼펜	ボールペン
0	봄	春
2	봉사	奉仕, サービス
7	봉지	袋
7	봉투	封筒, 封じ袋
3	뵙다	お目に掛かる (「만나다」の謙譲語)
2	부끄럽다	恥ずかしい, てれくさい
8	부드럽다	柔らかい, 軟らかい, 触りがよい
2	부럽다	うらやましい
0	부모	父母, 両親
0	부모님	ご両親, 親御
0	부부	夫婦
8	부지런하다	勤勉だ, 手まめに働く
5	부치다	送る, とどける, 出す
0	-부터	〜から
0	분	方 (「사람 (人)」の敬語) / 分 (時刻)
7	분식집	粉食店
3	분홍색	桃色, ピンク色
0	불	火
0	불고기	プルゴギ
2	불꽃	花火, 火花
2	불쌍하다	かわいそうだ, 気の毒だ
5	붙이다	付ける, 張る, 貼付する
0	비	雨
0	비가 내리다/오다	雨が降る
0	비누	石鹸
4	비를 맞다	雨にあたる
10	비밀	秘密
0	비싸다	(値段が) 高い
0	비행기	飛行機
3	빌리다	借りる, 貸す
6	빠르다	速い, 早い
3	빨간색	赤色

0	빨래	洗濯
0	빨래하다	洗濯する
0	빨리	早く, 速やかに, すばやく
0	빵	パン
6	빵집	パン屋
5	뽑다	抜く, 引き抜く, 選ぶ

		ㅅ
0	사	四 (4)
0	사계절	四季
0	사과	りんご
3	사귀다	付き合う, 親しむ, 交際する
0	사다	買う
0	사람	人
0	사랑	愛
3	사랑하다	愛する, 恋する
6	사실	事実, 実際に, まったく, 本当に
5	사용 (하다)	使用 (する)
0	사월	4月
0	사이	間
0	사이즈	サイズ
7	사이트	サイト
0	사전	辞書
0	사전을 찾다	辞書を引く
0	사진	写真
0	사진을 찍다	写真を撮る
10	사촌	従兄弟
0	사탕	あめ玉, キャンディー
5	사흘	三日 (間)
0	산	山
0	산책	散歩, 散策
0	산책하다	散策する, 散歩する
0	살	歳, 才
0	살다	住む, 暮らす
10	살이 빠지다	痩せる
10	살이 찌다	太る
7	삶다	煮る, ゆでる, 蒸す
0	삼	三 (3)
0	삼계탕	サムゲタン (参鶏湯)
0	삼월	3月
10	삼촌	おじ (父の兄弟)
8	상	賞, 褒美
8	상영	上映
8	상을 받다	賞をもらう, 賞を取る, 賞を受ける
4	상처	傷, 傷跡
4	상처가 낫다	傷が治る
4	상처가 생기다	傷ができる

9	상품	商品	
7	상품권	商品券	
0	새	鳥	
5	새로	新しく, 新たに, 改めて	
9	새롭다	過去の思い出が新ただ, 新しい	
3	색	色	
3	색깔	色, 色彩	
7	샌드위치	サンドイッチ	
6	생각	思い, 考え, 思考, 意見	
2	생기다	生ずる, 生じる, 出る	
7	생선	魚, 生魚	
3	생신	お誕生日 (「생일」の敬語)	
0	생일	誕生日	
0	생활	生活	
6	샤워 (를 하다)	シャワー (をする)	
5	서류	書類, 文書	
0	서점	書店, 本屋	
9	석식	夕食	
0	선물	贈り物, プレゼント	
10	선물하다	贈りものをする, プレゼントする	
0	선배	先輩	
0	선생님	先生	
10	선택하다	選択する, 選ぶ	
10	설날	元旦, 元日	
0	섬	島	
2	섭섭하다	名残惜しい, 寂しい	
7	성	本性, 性	
9	성격	性格	
8	성인	成人, 大人	
10	성인식 (성년의 날)	成人式 (成人の日)	
3	성함	お名前 (「이름」の敬語)	
8	세	歳, 才	
8	세계	世界	
6	세다	(力・勢いが) 強い	
0	세수하다 (=세수를 하다)	洗面する, 顔を洗う	
0	세탁기	洗濯機	
7	세트	セット	
0	셋 (세)	3つ, 3個	
0	소	牛	
1	소개 (하나)	紹介 (する)	
8	소중하다	きわめて大切だ, 尊い	
5	소포	小包	
0	소리	音	
0	소방관	消防士	
0	소설책	小説本	
0	소파	ソファー	
4	소화	消化	

4	소화가 안되다	消化が悪い	
4	소화제	消化剤, 消化薬	
0	손	手	
10	손녀	孫娘	
0	손님	客	
10	손자	孫息子	
10	손주	孫	
10	송별	送別, 見送り	
10	송별회	送別会	
0	쇼핑	買い物, ショッピング	
0	쇼핑하다	買い物をする, ショッピングをする	
0	수도	首都	
0	수박	スイカ	
0	수업	授業	
0	수영	水泳	
9	수영복	水着	
0	수영장	プール	
0	수영하다	泳ぐ	
0	수요일	水曜日	
0	수첩	手帳	
9	숙박	宿泊	
9	숙소	宿所, 宿	
0	숙제	宿題	
5	순서	順序, 順番, 順, 手順	
5	순서대로	順に, 順繰りに	
0	술	酒	
0	쉬다	休む	
0	쉽다	易しい, むずかしくない	
6	슈퍼마켓	スーパーマーケット, スーパー	
0	스물 (스무)	二十, 20個	
3	스웨터	セーター	
3	스카프	スカーフ	
0	스키를 타다	スキーをする	
0	스페인	スペイン	
0	스포츠	スポーツ	
2	슬프다	悲しい	
0	시	時	
0	시간	時間	
6	시간에 맞다	時間に間に合う	
0	시계	時計	
6	시끄럽다	うるさい, 騒騒しい, 騒がしい	
6	시내	市内	
9	시설	施設	
10	시아버지	しゅうと (夫の父)	
10	시어머니	姑 (夫の母)	
0	시원하다	涼しい	
0	시월	10月	

0	시작하다	始める, 起こす, 開く
0	시장	市場
5	시청	市庁, 市役所
7	시키다	(食べ物を) 注文する
1	시합	試合
0	시험을 보다	試験を受ける
0	식당	食堂
7	식빵	食パン
4	식사	食事
0	신다	(履物を) 履く
0	신문	新聞
0	신발	履物, 靴
5	신분증	身分証
7	신선하다	新鮮だ
10	신입생	新入生
9	신혼여행	新婚旅行
0	싫어하다	嫌いだ
2	심심하다	退屈だ
4	심하다	ひどい, 激しい, 厳しい
0	십	十 (10)
0	십이월	12月
0	십일월	11月
9	싱글 룸	シングルルーム
0	쌀	米
0	싸다	(値段が) 安い
5	싸다	包む
1	쌓다	積む
7	썰다	切る, 刻む
0	쓰다	書く / 苦い
3	쓰다	被る, (頭などに) 着ける, (眼鏡などを) 描ける
0	쓰레기	ゴミ
0	씨	～さん
0	씻다	洗う, 流す

ㅇ

0	아기	赤ちゃん
5	아까	さっき, 先ほど
1	아나운서	アナウンサー
10	아내	妻, 家内, 女房
8	아니	(ため口) いや, いいえ
5	아니다	～ではない (物事の否定に用いる)
0	아니요	いいえ
10	아드님	ご子息 (他人の息子の敬称)
0	아들	息子
0	아래	下
0	아르바이트	アルバイト
8	아름답다	美しい, きれいだ

2	아무것	(特定しないで) 何, なん
3	아버님	お父様, 父上 (「아버지」の尊称)
0	아버지	父, お父さん
0	아빠	父, パパ
0	아이	子供
6	아이스커피	アイスコーヒー
0	아이스크림	アイスクリーム
0	아저씨	おじさん
0	아주	とても
0	아주머니	おばさん
1	아직	まだ, いまだ (に)
0	아침	朝 / 朝ごはん
0	아침밥	朝ごはん, 朝食
0	아파트	アパート, マンション
0	아프다	痛い
0	아홉	9つ, 9個
1	악기	楽器
0	안	中
0	안경	メガネ
0	안내	案内
1	안내 (하다)	案内 (する)
4	안되다	できない, ならない
0	앉다	座る
0	알다	知る, 分かる
6	알리다	知らせる, 知らす
9	알아보다	調べる, 探る
0	앞	前
5	앞쪽	前方, 前面
0	애	子供
8	액션	アクション
0	야구	野球
0	야구공	野球ボール
0	야구장	野球場
6	야채	野菜, 青物
0	약	薬
0	약국	薬局
0	약사	薬剤師
2	약속	約束
0	약을 먹다	薬を飲む
6	약하다	弱い, もろい
6	얇다	薄い, 暑くない
7	양념	薬味, 味付け, 香料, 調味料
7	양념치킨	ヤンニョムチキン
0	양말	靴下
7	양복	洋服, 背広, スーツ
7	양식집	洋食店, レストラン
6	얘기하다	話す ＊「이야기하다」の略語

0	어깨	肩
0	어느	どの, どこの
6	어둡다	暗い, 明るくない
0	어디	どこ
3	어떠하다	どうである
1	어떤	どんな
0	어렵다	むずかしい
10	어르신	お年寄り, ご老人
3	어른	大人
2	어리다	幼い, 幼稚だ
9	어린이	子供
0	어머니	母, お母さん
3	어머님	お母様, 母上 (「어머니」の尊称)
3	어버이날	父母の日, 親の日
0	어제	昨日
1	어학연수	語学研修
0	언니	姉, お姉さん
0	언어	言語
0	언제	いつ
5	언제나	いつでも, いつも, 常に
7	언제든	いつだって, いつでも
10	언제든지	いつだって, いつでも
0	얼굴	顔
9	얼마나	どれくらい, いくらぐらい
7	얼음	氷, アイス
0	엄마	母, ママ
1	없다	ない, いない
1	없이	無く, ないままに
0	엉덩이	尻
0	-에	～に
8	-에 대해 (서)	～について, ～に対して
3	-에게	(誰々) に
0	-에서	～で
0	에어컨	エアコン
3	여권	旅券, パスポート
0	역	駅
0	여기	ここ
0	여덟	8つ, 8個
0	여동생	妹, 妹さん
0	여러	多くの, 数々の, 様々な, 色々な
10	여러분	皆さん, 皆様
0	여름	夏
0	여섯	6つ, 6個
0	여자	女子, 女
10	여쭈어보다 (여쭤보다)	伺う
0	여행	旅行
1	여행사	旅行社

8	역시	やはり
2	연극	演劇
2	연극부	演劇部
8	연기	演技, 芝居
2	연락 (하다)	連絡 (する)
7	연락처	連絡先
3	연세	お年 (「나이」の敬語)
1	연수	研修
1	연수를 떠나다	研修に出かける, 研修に出る
1	연습 (하다)	練習 (する)
1	연예인	芸能人
1	연주 (하다)	演奏 (する)
0	연필	鉛筆
0	연휴	連休
0	열	十, 10個
4	열	熱
8	열	列
0	열다	開く, 開ける
0	열심히	熱心に, 一生懸命
4	열이 나다	熱が出る
6	열차	列車
5	열흘	十日, 旬日
0	엽서	ハガキ
0	영국	イギリス
7	영수증	領収証, 領収書, レシート
0	영어	英語
0	영화	映画
0	영화관	映画館
8	영화제	映画祭
0	옆	隣
1	예매 (하다)	予約 (する), 予約買い (する)
0	예쁘다	きれいだ, 美しい, かわいい
6	예상	予想
1	예술	芸術
7	예약 (하다)	予約 (する)
0	오	五 (5)
0	오늘	今日
0	오다	来る
4	오래	長 (ら) く, 久しく
1	오랜만	久しぶり
10	오랫동안	長い間
0	오렌지	オレンジ
0	오른쪽	右, 右側
0	오빠	兄, お兄さん
0	오월	5月
0	오이	キュウリ
0	오전	午前

0	오후	午後		0	원피스	ワンピース
9	온돌방	オンドル部屋		9	원하다	願う, 望む
7	온라인	オンライン		0	월	月
9	온천	温泉		0	월요일	月曜日
9	올라가나	上がる, 登る		0	위	上
3	올림	(手紙で)〜拝		0	유람선	遊覧船
0	올해	今年, 当年		0	유명하다	有名だ
0	옷	服		0	유월	6月
0	옷장	クローゼット		10	유치원	幼稚園
0	-와/과	〜と		0	유학	留学
2	와	(感嘆詞)わあ		0	유학생	留学生
6	완전히	完全に, 全く, すっかり		0	육	六 (6)
9	왕복	往復		0	-으로/로	〜で, 〜に
0	외국	外国		0	-은/는	〜は
5	외국인	外国人		0	은행	銀行
2	외롭다	(身寄りが無くて)心細い, 寂しい		0	은행원	銀行員
10	외삼촌	おじ (母方の)		0	-을/를	〜を
2	외우다	覚える, 暗記する		2	음	(感嘆詞)えーと, あのー, うーん
10	외할머니	母方の祖母		6	음료	飲料, 飲み物
10	외할아버지	母方の祖父		5	음료수	飲料水, 飲み物
0	왼쪽	左, 左側		0	음식	飲食, 食べ物
0	왜	なぜ, どうして		0	음악	音楽
0	요가	ヨガ		1	음악가	音楽家
5	요금	料金		10	음악회	音楽会
0	요리	料理		8	응	(同年輩や目下に答える時)うん
0	요리사	料理人, コック		0	-의	〜の
0	요리하다	料理する		0	의미	意味
0	요일	曜日		0	의사	医者
0	요즘	この頃, 最近		0	의자	椅子
0	우동	うどん		0	-이/가	〜が
0	우리	私たち, 我々		0	이	歯 / 二 (2)
0	우산	傘		0	이	この
0	우유	牛乳		0	이것 (이거)	これ
0	우체국	郵便局		10	이것저것	あれこれ
0	우표	切手		3	이곳	ここ, この地
0	운동선수	運動選手		2	이따가	少し後で, 後ほど
0	운동장	運動場		2	이때	この時, 今, 今時
0	운동하다	運動する		4	-이라고/라고	…と, …だと, …だから
0	운동화	運動靴		8	-이랑/랑	〜と (か) , 〜や (ら)
0	운전	運転		0	이를 닦다	歯を磨く
0	운전면허	運転免許		0	이름	名前
1	운전사	運転士		10	이모	おば (母の姉, 妹)
0	운전하다	運転する		0	이번	今度, 今回, この度
9	운행 (하다)	運行 (する)		10	이벤트	イベント
2	울다	泣く		0	이분	この方
8	웃다	笑う		0	이사	引っ越し
0	원	ウォン (韓国の貨幣単位)		0	이사하다 (=이사를 하다)	引っ越す, 引っ越しをする

7	이상	以上
5	이야기를 나누다	話を交わす
0	이야기하다	話す, しゃべる
7	이용 (하다)	利用 (する)
0	이월	2月
8	이유	理由, わけ
4	이제	今, ただいま
0	이쪽	こちら, こっち, こちら側
5	이틀	二日, 両日
8	이해하다	理解する, 分かる, 解する
0	인기	人気
7	인분	(数詞の後につけて) 〜人前
5	인출하다	(お金や預金を) 引き出す, 下ろす
1	인터넷	インターネット
2	인형	人形
0	일	一 (1) / 仕事 / 日
0	일곱	7つ, 7個
0	일본	日本
0	일본어	日本語
7	일식집	和食屋, 日本料理店
0	일어나다	起きる
0	일요일	日曜日
0	일월	1月
9	일정	日程
5	일주일	一週間
0	일찍	早く, 早めに
0	일하다	働く, 仕事する
0	읽다	読む
3	잃어버리다	無くしてしまう, 失う
0	입	口
0	입다	(衣服を) 着る, 履く
8	입장	入場
1	입학 (하다)	入学する
10	입학식	入学式
3	있다	有る, 居る
4	잊다	忘れる, 記憶がなくなる
6	잊어버리다	全部忘れる, すっかり忘れてしまう

	ㅈ	
1	자격증	資格証, 免許状
0	자다	寝る
0	자동차	自動車, 車
6	자르다	切る
5	자리	席, 座席
1	자막	字幕
10	자매	姉妹
9	자세하다	詳しい, 細かい

6	자세히	詳しく, 細かく
10	자식	子息, 子, 子供
1	자신	自身, 自分
9	자유	自由
0	자전거	自転車
0	자주	しばしば, 度々, よく
0	작년	昨年
0	작다	小さい
1	작품	作品
0	잔	杯
10	잔치	宴, 宴会, 祝宴
10	잔치를 열다	祝宴を催す
1	잘	よく, うまく, 上手に
8	잘생기다	きれいだ, ハンサムだ
1	잘하다	上手だ, 得意だ, 上手にする
0	잠	眠り, 睡眠
3	잠깐	しばらく, つかの間
3	잠시	しばらく, しばし
3	잠시만	少々, しばらく, ちょっと
0	잠을 자다	睡眠をとる, 寝る
3	잡수시다	召し上がる (「먹다」の敬称)
0	잡지	雑誌
1	장갑	手袋
1	장래	将来
8	장르	ジャンル, 種類, 領域
4	장마	長雨, 梅雨
8	장면	場面, シーン
10	장미 (꽃)	バラ (の花)
0	장소	場所
1	재료	材料
0	재미없다	おもしろくない, つまらない
0	재미있다	おもしろい
0	저	私, 自分
0	저	あの
0	저것 (저거)	あれ
0	저기	あそこ
0	저녁	夕方 / 夕食
0	저분	あの方
0	저쪽	あちら, あっち, 向こう側
9	저층	低層
10	저희	私たち (「우리」の謙譲語)
0	적다	少ない
6	적다	書く, (書き) 記す, 記録する
4	전	前, 以前
0	전자사전	電子辞書
0	전통차	伝統茶
1	전하다	伝える

8	전혀	全然, 全く
0	전화	電話 (機)
0	전화를 걸다	電話をかける
6	전화를 받다	電話に出る, 電話を受ける
0	전화하다	電話する
8	젊다	若い
0	점심	昼 / 昼食
0	점원	店員
5	정거장	停留場
5	정도	程度, くらい, ほど
5	정류장	停留場
0	정리하다 (=정리를 하다)	整理する, 整える
0	정말	本当に, 実に, とても
6	정신없이	夢中で, 我を忘れて, 無我夢中で
10	정하다	定める, 決める
0	제 (저의)	私の
5	제가	私が, わたくしが (謙譲表現)
8	제목	タイトル, 題目
9	제외	除外
6	제일	第一, 一番 (に), もっとも
0	조금	少し, わずか, ちょっと
9	조식	朝食
2	조심하다	注意する, 注意をはらう, 気をつける
0	조용하다	静かだ
6	조용히	静かに, もの静かに, ひっそり
10	조카	甥, 姪
1	졸업	卒業
9	졸업식	卒業式
0	졸업하다 (=졸업을 하다)	卒業する
3	좀	ちょっと (「조금」の省略形)
6	좁다	狭い, 広くない
9	종류	種類
7	종업원	従業員
7	종이봉투	紙袋
0	좋다	良い
0	좋아하다	好きだ
0	주	週
0	주다	与える, やる, くれる, 授ける
0	주말	週末
0	주무시다	お休みになる
7	주문 (하다)	注文 (する)
9	주변	周辺
0	주부	主婦
4	주사	注射
4	주사를 맞다	注射を打たれる
0	주스	ジュース
7	주인	(客に対する) 主人, 持ち主

8	주인공	主人公
9	주차	駐車
3	주황색	だいだい色
8	죽다	死ぬ
7	준비	準備, 用意
0	준비하다	準備する, 用意する, 備える
3	줍다	拾う, 拾い上げる
0	중	中, 中間
0	중국	中国
0	중국어	中国語
7	중국집	中華料理店, 中国料理店
9	중식	昼食
8	중앙	中央
6	중요하다	重要だ, 大切だ, 肝心だ
1	중학교	中学校
0	중학생	中学生
8	즐거워하다	喜ぶ, 嬉しがる, 楽しがる
2	즐겁다	楽しい, 愉快だ, うれしい
8	즐기다	楽しむ, エンジョイする
0	지갑	財布
0	지금	今
6	지나가다	通り過ぎる, 通過する
0	지난	昨, 先の, 前の, 去る
0	지난달	先月
0	지난주	先週
3	지내다	過ごす, 暮らす
0	지도	地図
2	지루하다	退屈だ, あきあきする
0	지우개	消しゴム
4	지치다	くたびれる, ばてる
4	지키다	守る, 保つ, 保護する
0	지하철	地下鉄
5	지하철역	地下鉄の駅
0	직업	職業
0	직원	職員
1	직장	職場
3	직접	直接, 直に
3	진지	ご飯, お食事 (「밥」の敬語)
2	진짜	本当, 本当に
5	질문 (하다)	質問 (する)
5	짐	荷物, 荷
0	집	家
0	집들이	移転祝い, 引越した祝いの宴
0	짜다	しょっぱい, 塩辛い
0	짜장면 (=자장면)	チャジャン麺
2	짜증	うんざりすること, いらだち
2	짜증이 나다	嫌気がさす

0	짧다	短い	0	취미	趣味
7	짬뽕	チャンポン	0	취직하다	就職する
0	쪽	側, 方	4	치과	歯科
0	찍기	(写真を) 撮ること	4	치료 (하다)	治療 (する), 手当て (する)
5	찍다	(判子などを) 押す, 突く / (写真を) 撮る	4	치료를 받다	治療を受ける
			0	치마	スカート
	ㅊ		0	치킨	チキン
0	차	車 / 茶	7	치킨집	チキン屋
6	차갑다	冷たい	0	친구	友達, 友人
8	착하다	善良だ, 大人しい, 善い	0	친구를 만나다	友達に会う
4	참다	こらえる, 我慢する, 忍ぶ	3	친절하다	親切だ, 優しい
10	참석 (하다)	出席 (する), 参席 (する)	10	친척	親戚, 親類, 身内
0	창문	窓	2	친하다	親しい, 近しい, 親しむ
3	찾다	探す, 探る, 見つける, 探し出す	0	칠	七 (7)
1	찾아보다	探してみる	0	칠월	7月
7	채소	野菜, 青物	0	칠판	黒板
0	책	本	0	침대	ベッド
0	책상	机			
1	-처럼	～のように, ～と同じく		**ㅋ**	
2	처음	初め, 最初, 初めて	3	카네이션	カーネーション
0	천	千 (1000)	0	카드	カード
6	천천히	ゆっくり (と), ゆるゆる (と), 徐々に	0	카메라	カメラ
2	첫	初め (て) の, 初 (の)	10	카탈로그	カタログ
0	청바지	ブルージーンズ, ジーパン	1	카페	カフェ, 喫茶店
0	청소	掃除	0	캐나다	カナダ
0	청소하다	掃除する	0	캔	缶
5	체육관	体育館	0	커튼	カーテン
5	체크인	チェックイン	0	커피	コーヒー
10	초대장	招待状	0	커피숍	喫茶店, コーヒーショップ
0	초대하다	招待する	0	컴퓨터	コンピュータ
1	초등학교	初等学校, 小学校	0	컵	コップ, カップ
3	초록색	緑色	9	케이블카	ケーブルカー, ロープウェー
7	초콜릿	チョコレート	0	케이크	ケーキ
9	촬영	撮影	7	켤레	(履物などを数える語) 足, 組, 対
9	추가 (하다)	追加 (する)	0	코	鼻
10	추석 (秋夕)	陰暦8月15日の名称, 中秋	8	코미디	コメディー, 喜劇
8	추천하다	推薦する, 勧める	0	코트	コート
0	축구	サッカー	0	콘서트	コンサート
0	축구공	サッカーボール	0	콜라	コーラ
0	축제	祝祭, お祭り, フェスティバル	4	콧물	鼻水
10	축하	祝賀, 祝い	0	크다	大きい
6	출구	出口, 出所	0	키	背, 身長
2	출근	出勤	5	킬로그램	キログラム
0	출발하다	出発する			
0	출장을 가다	出張する		**ㅌ**	
0	춤을 추다	踊りを踊る, 踊る	0	타다	乗る, 乗り込む
0	춥다	寒い	0	탁구를 치다	卓球をする

0	태권도	テコンドー		7	프로그램	プログラム，(テレビ) 番組
1	택배	宅配		4	피	血，血液
1	택배 기사	宅配配達員		1	피곤하다	疲れる
0	택시	タクシー		5	피다	(花が) 咲く，開く
5	터미널	ターミナル		4	피를 흘리다	血を流す
0	테니스를 치다	テニスをする		0	피아노를 치다	ピアノを弾く
0	텔레비전	テレビ		0	피자	ピザ
9	템플 스테이	テンプルステイ，宿坊		7	필요하다	必要 (必要だ，要る)
0	토마토	トマト		0	필통	筆箱
0	토요일	土曜日				
5	통장	通帳			**ㅎ**	
4	통증	痛み，痛む症状		0	-하고	～と
4	퇴근 (하다)	退勤 (する)		0	하나 (한)	1つ，1個
7	튀기다	(油で) 揚げる		0	하늘	空
7	튀김	てんぷら，揚げ物，フライ		0	하다	する
9	트윈 룸	ツインルーム		5	하루	一日
10	특별하다	特別だ		3	하숙집	下宿先，下宿屋
6	특별히	特別に，わざわざ		3	하얀색	白色
4	특히	特に，特別に		0	하지만	しかし，だが (口語体)
4	튼튼하다	丈夫だ，健やかだ		0	학교	学校
0	티셔츠	Tシャツ		1	학기	学期
5	티켓	チケット，切符		0	학생	学生
				5	학생증	学生証
	ㅍ			0	학원	塾，(車の) 教習所，予備校
3	파란색	青色		6	한가하다	忙しくない，暇がある，閑散としている
0	파티	パーティー		0	한국	韓国
7	판	卵入れ容器やピザなどを数える言葉		0	한국말	韓国語
9	판매 (하다)	販売 (する)		0	한국어	韓国語
0	팔	腕 / 八 (8)		0	한번	一度，一回
0	팔다	売る		0	한복	ハンボク (韓服)，韓国固有の衣装
7	팔리다	売れる		7	한식집	韓国料理店
0	팔월	8月		9	한옥 스테이	韓屋ステイ (韓国固有の在来式の家屋)
8	팬	ファン		2	-한테	(誰々) に (やや口語的表現)
9	펜션	ペンション (民宿風の小さいホテル)		6	-한테서	(誰々) から，より
1	편리하다	便利だ		6	할 수 없이	仕方なく，やむをえず
0	편의점	コンビニ		0	할머니	祖母，おばあさん
0	편지	手紙		0	할아버지	祖父，おじいさん
4	편찮다	病んでいる，具合 (調子) が悪い		8	할인	割引
8	편하다	楽だ，安らかだ，気楽だ		5	함께	一緒に，共に
6	평소	平素，普段，平常		2	합격 (하다)	合格 (する)
0	포도	ぶどう		2	합창	合唱
3	포장 (하다)	包装 (する)		2	합창부	合唱部
0	표	切符		5	항공	航空
4	푹	ぐっすり，たっぷり，ゆっくり		3	항상	いつも，常に
7	품절 (이다)	品切れ (だ)，売り切れ (だ)		0	해	太陽，日
7	프라이드치킨	フライドチキン		9	해외여행	海外旅行
0	프랑스	フランス		0	핸드폰	携帯電話

7	햄버거	ハンバーガー
2	행복하다	幸福だ, 幸せだ
0	허리	腰
10	헤어지다	別れる, 離れる
5	현금	現金, キャッシュ
8	현재	現在
0	형	兄, お兄さん
10	형제	兄弟
0	호랑이	虎
0	호텔	ホテル
3	혹시	もしか(したら), ひょっとしたら
1	혼자	1人(独り), 1人で
6	혼자서	1人で, 独りで
1	홈페이지	ホームページ
7	홍차	紅茶
2	화	怒り, 憤り
1	화가	画家
2	화가 나다	腹が立つ, 腹立たしい
0	화요일	火曜日
0	화장실	化粧室, トイレ
7	화장품	化粧品
9	확인하다	確認する, 確かめる
7	확인되다	確認される, 確かめられる
7	환불하다	払い戻す, 換金する
10	환영회	歓迎会
1	환자	患者
5	환전 (하다)	両替(する)
10	환하게	明るく
2	활동	活動
6	활발히	活発に
0	회	刺身
0	회사	会社
0	회사원	会社員
3	회색	灰色, グレー
10	회식	会食(食事会・飲み会)
0	회의하다 (=회의를 하다)	会議をする
0	후	後
8	훌륭하다	立派だ, 見事だ, すばらしい
6	훨씬	はるかに, ずっと, 大分, ぐっと
0	휴지통	ゴミ箱
0	흐리다	(天気が)曇る
4	흘리다	流す
9	흡연 (실)	喫煙(室)
1	희망	希望
3	흰색	白, 白色
2	힘	力, 体力
2	힘들다	骨が折れる, 苦労する, 苦しむ

2	힘이 나다	力がつく, 元気が出る
0	힙합	ヒップホップ

A		
0	KTX	ケーティーエックス(韓国高速鉄道)

数字		
9	1인실	1人室, 一人部屋
9	2인실	2人室, 二人部屋

本文レイアウト・装丁　申智英
イラスト　新村彩歩・相原芙香

いよいよ韓国語 2

検印
省略

© 2021年 1月 30日　　初版発行

著者　　　　　　　　　　　　　　　　　　金　菊熙
　　　　　　　　　　　　　　　　　　　　李　順蓮

発行者　　　　　　　　　　　　　　　　　原　雅久
発行所　　　　　　　　　　　　　株式会社　朝日出版社
　　　　　　　　101-0065　東京都千代田区西神田 3-3-5
　　　　　　　　　　　　　　電話　03-3239-0271/72
　　　　　　　　　　　　　　振替口座　00140-2-46008
　　　　　　　　　　　　　　http://www.asahipress.com/

組版 / ㈱剛一　印刷 / 図書印刷

朝日出版社 ハングル能力検定試験問題集のご案内

ハングル能力検定試験5級実戦問題集

李昌圭｜共著
尹男淑

- 問題を類型別に分けたので，実際の試験問題の出題順に始められる
- 類型別問題の対策と解答のポイントを詳しく解説
- 5級出題の文法と語彙などを合格ポイント資料として提示
- ハングル検定対策本のなかで最多の問題数
- リスニング問題がCD2枚でまとめて学習できる
- CDで出題語彙も集中的に学習できる
- 模擬テストで実戦練習ができる
- 筆記と聞き取りの問題の解説を巻末にまとめて収録している

●A5判 ●208p. ●特色刷 ●CD2枚付　　　　本体価格 2,700 円（403）

電子版有

ハングル能力検定試験4級実戦問題集

李昌圭｜共著
安國煥

- 問題を類型別に分けたので，実際の試験問題の出題順に始められる
- 類型別問題の対策と解答のポイントを詳しく解説
- 4級出題の文法と語彙などを合格ポイント資料として提示
- ハングル検定対策本のなかで最多の問題数
- リスニング問題がCD2枚でまとめて学習できる
- 模擬テストで実戦練習ができる
- 筆記と聞き取りの問題の解説を巻末にまとめて収録している

●A5判 ●224p. ●特色刷 ●CD2枚付　　　　本体価格 2,700 円（402）

電子版有

ハングル能力検定試験3級実戦問題集

李昌圭｜共著
尹男淑

- 問題を類型別に分けたので，実際の試験問題の出題順に始められる
- 類型別問題の対策と解答のポイントを詳しく解説
- 3級出題の文法と語彙などを合格ポイント資料として提示
- ハングル検定対策本のなかで最多の問題数
- リスニング問題がCD2枚でまとめて学習できる
- 模擬テストで実戦練習ができる
- 筆記と聞き取りの問題の解説を巻末にまとめて収録している

●A5判 ●272p. ●特色刷 ●CD2枚付　　　　本体価格 2,700 円（431）

電子版有
※電子版のみ

ハングル能力検定試験準2級対策問題集 -筆記編-

李昌圭｜著

- 出題内容が体系的に把握でき，試験準備が効率よくできる
- 準2級に出題される語彙や文法事項，発音，漢字等が一目瞭然でわかる
- 本書収録の520題（本試験の11回分相当）の豊富な問題を通してすべての出題形式の問題が実戦的に練できる
- 間違えた問題や不得意な問題は印をつけ，繰り返し練習ができる

●A5判 ●360p. ●特色刷　　　　本体価格 2,400 円（743）

電子版有

ハングル能力検定試験準2級対策問題集 -聞き取り編-

李昌圭｜著

- 出題の傾向，学習ポイントが全体的・体系的に理解できるように，過去問を詳細に分析して出題内容を類型別に整理・解説
- 問題の類型と傾向，頻出語句，選択肢，文法事項などが一目で分かるように，問題類型別に重要なポイントをまとめて「合格資料」として提示
- 本試験と同じ練習問題を通して実戦的に練習ができるように，豊富な練習問題を類型別にまとめて本試験と同じ出題順に提示
- すべての問題は本試験と同じ形式で添付の音声ファイルCD-ROMに収録。実戦的に繰り返し練習ができ，聴力を鍛えることができる

●A5判 ●280p. ●特色刷 ●音声ファイルCD-ROM付　　　　本体価格 2,600 円（1028）

電子版有

（株）朝日出版社

〒101-0065　東京都千代田区西神田3−3−5
TEL：03−3263−3321　　FAX：03−5226−9599
E-mail：info@asahipress.com　　http://www.asahipress.com/